넘버 쓰리여도 괜찮아

세움북스 는 기독교 가치관으로 교회와 성도를 건강하게 세우는 바른 책을 만들어 갑니다.

간증의
재발견
9

넘버 쓰리여도 괜찮아

불상 아래에서 기도하다 잠들던 어느 목사의 이야기

초판 1쇄 인쇄 2025년 4월 15일
초판 1쇄 발행 2025년 4월 20일

지은이 | 이재국
펴낸이 | 강인구

펴낸곳 | 세움북스
등 록 | 제2014-000144호
주 소 | 서울시 종로구 대학로 19 한국기독교회관 1010호
전 화 | 02-3144-3500
이메일 | holy-77@daum.net

교 정 | 이윤경
그 림 | 심효섭
디자인 | 참디자인

ISBN 979-11-985894-44-7 (03230)

* 이 책은 신저작권법에 의하여 국내에서 보호를 받는 저작물입니다.
  출판사의 협의 없는 무단 전재와 무단 복제를 엄격히 금합니다.
* 책값은 뒤표지에 있습니다.
* 잘못된 책은 교환하여 드립니다.

이 도서는 시각장애인의 기독교 도서 보급을 위해 AL-소리도서관에 기증하여 데이지 파일로 제작됩니다.

간증의
재발견
9

넘버 쓰리여도
괜찮아

이재국 지음

세움북스

포스모더니즘의 이해

추천사

　이재국 목사님의 삶은 소설 같습니다. 책 서문에서 밝히듯, 부모님의 삶은 평범하지 않습니다. 그런 부모님 밑에서 자란 이재국 목사님도 들에 핀 잔디와 같습니다. 새에게 공기는 저항이지만, 그 공기가 없으면 새는 아예 날 수조차 없습니다. 이렇듯 이재국 목사님의 삶에 있었던 허들은 분명 장애였지만, 그 허들을 넘은 끝에, 평범한 달리기에서 늘 꼴찌를 하던 이재국 목사님은 등수 안에 들게 되었습니다.

　무엇보다, 세상적 시각으로는 여전히 허들이 가득한 목회를 하고 있지만, 주님께서 기뻐하시는 개척 교회 목회를 잘 감당하고 있습니다. 누구보다 조용하고 혼자 있는 것을 좋아하지만, 그런 허들도 넘어서 다음 세대에게 다가가고, 소외된 자를 향해 나아가 손을 붙잡아 주는 이재국 목사님, 앞으로 더욱 기대가 됩니다. 책을 읽는 독자의 가정과 교회에도 여전히 넘어서야 할 허들이 있겠지만, 이 책 속 이야기처럼, 마주하는 허들을 잘 넘어가는 우리 모두가 되길 소망합니다.

김영한 _ 품는교회 담임목사, Next 세대 Ministry 대표

～

불신 가정에서 불같은 신앙인이 나왔습니다. 바울은 자기의 이야기가 그리스도 안에서 발견되기를 갈망했는데(빌 3:9), 사랑하는 이재국 목사님이 걸어온 여정에도 그런 애씀이 있습니다. 얼마 안 되는 지면으로 저자의 인생 책장을 다 펼쳐 낼 수는 없겠지만, 이 책을 다 읽을 때쯤이면 치열한 복음의 흔적들을 발견할 수 있을 것입니다. 그러니 적어도 하나님 나라 안에서 저자는 '넘버 원'입니다. 넘버 원이 아닌 모든 그리스도인들에게 기꺼이 이 책을 추천합니다.

오성현 _ 다시사는교회 담임목사

～

"익숙함에 빠져 타인의 고통을 지나치지 않고, 그 고통 속에서 하나님의 손길을 함께 찾는 동반자가 되는 것. 그것이 내가 그날 버스에서 다짐했던 목회의 길이다."

목사님의 원고를 읽으며 저를 사로잡았던 문장입니다. 이 글에 이재국 목사님의 목회 철학이 담겨 있다고 생각합니다. 타성에 젖어 누군가의 아픔에 공감하지 못하고서 하나님을 사랑하는 것은 모순이라는 의미로 다가옵니다. 그런 목사님이기에 어려움 앞에서 자신의 것을 내려놓고 그저 무릎으로 그분의 뜻에 순종하기로 결단하며 이웃과 함께하는 모습이 참으로 아름답습니다. 이 책을 통해 하나님께서 어떻게 다가오시고 붙드시는지,

어떤 기도에 응답하시고 역사하시는지, 무엇을 중요하게 생각하시고 기뻐하시는지 깨닫는 시간이 되기를 소망합니다.

"하나님, 저희에게는 그 무엇보다, 그 누구보다 오직 당신이어야만 합니다."

윤한나 _ 2023 세움북스 신춘문예 수상자, 『나를 사로잡은 문장들』 저자

❧

이재국 목사님의 간증집 《넘버 쓰리여도 괜찮아》는 평범한 일상에서 일하시는 하나님과 같이 걸어가는 이야기입니다. 요셉이 감옥에 갇혔어도 하나님과 함께했기에 그것을 형통한 삶이라고 했던 것처럼, 이재국 목사님의 간증은 하나님과 함께한 이야기로 가득 차 있습니다. 작은 일에도 감사하고, 때로는 부끄러운 이야기도 솔직히 말하는 것이 이 간증집의 특징입니다. 무엇보다 자기 삶에서 일어난 이야기를 하나님 말씀의 거울 앞에 비춰 보는 자세가 많은 사람에게 큰 도전이 될 거라고 확신하며 일독을 권합니다.

이규현 _ 은혜동산교회 담임목사

❧

보살의 아들로 태어나 하나님의 부르심으로 목회자가 되어 영혼들을 행복하게 섬기기까지의 이야기를 읽다 보니, '하나님의 은혜'만 있으면 누구나 복된 인생을 살 수 있다는 진리가 내 마음 깊이 파고들어 새 희망을 얻

게 됩니다. 하나님만 바라는 순전한 저자의 마음이 글을 통해 굳어진 내 마음을 부드럽게 변화시켜 줍니다. 각 이야기는 마침으로 주어지는 주님의 말씀을 꿀송이처럼 맛보게 합니다. 이 책을 꼭 읽고서 저와 같은 경험을 이웃에게 나눠 보길 강력히 권합니다.

이종필 _ 세상의빛교회 담임목사

저자와 회초밥을 먹는 중에 지인 한 분의 추천사 요청이 있었습니다. 저자를 처음 만났기에 머뭇거렸고, 며칠이 지나도 연락이 오지 않아 참 다행이라고 생각했습니다. 그러던 중 연락이 왔는데, 너무 겸손하게 추천사를 부탁해서 놀랐습니다. 새벽부터 몰두하며 읽기 시작해 정확하게 세 시간 동안 읽었습니다. 이 책을 읽으면서 나를 위해 쓴 책임을 알게 하셨습니다. 책을 읽으면서 진심으로 감사드렸고 이 책으로 이재국 목사님을 알게 되었습니다. 아니! 목사님을 만져 주시는 하나님을 더 알게 되었습니다.

책을 읽는 도중에 두렵기도 하고 떨리기도 하고 눈물이 나기도 했습니다. 저자는 미친 듯이 하나님의 일을 하고 싶어 합니다. 어떻게 보면 하나님께서 저자를 사용하시려고 작정하신 것 같습니다. 자신의 아픔을 잘 이겨 내 하나님의 도구 수준으로 쓰임받는 것을 볼 수 있습니다. 그로 인해 사모님과 자녀들도 대가 지불을 했습니다. 목사님의 부모님과 가정에 임하는 하나님의 복을 보는 것도 저를 행복하게 했고, 책 전체가 복음을 영화롭게 하려는 관점으로 기록되어 참 좋았습니다. 책을 읽는 많은 분들이 저와 같은 마음이 들 것이라고 생각되어 기쁘게 이 책을 추천합니다.

장동학 _ 하늘꿈 연동교회 담임목사

༄

세상이 끊임없이 '최고'만을 외치는 소음 속에서, 이 책은 마치 잔잔한 시냇물처럼 흐르며 우리에게 진정한 가치를 일깨워 줍니다. 저자 이재국 목사님은 자신의 삶을 통해 하나님 나라의 기준이 세상과 얼마나 다른지를 보여 주고 있습니다. "재국아, '넘버 쓰리'여도 괜찮아"라는 하나님의 음성은 "오직 1등만 기억하니 1등이 돼라"라고 말하는 이 땅을 사는 우리들에게 깊은 울림을 선사합니다. 성공과 실패라는 이분법적인 잣대를 내려놓고, 우리 삶의 모든 과정이 하나님을 향한 예배가 될 수 있다는 메시지가 좋았습니다.

이 책은 단순한 성공담이나 교훈적인 이야기가 아닙니다. 저자는 자신의 신앙 여정을 진솔하고 담백하게 풀어내며, 목회자로서의 소명을 받고 교회를 개척하기까지, 그리고 지금 그 교회가 어떻게 세워져 가고 있는지의 과정을 섬세하게 그려 냅니다. 개인적인 삶과 가족 이야기, 그리고 교회 이야기가 씨줄과 날줄처럼 어우러져 한 편의 인생 이야기를 만들어 냅니다. 특히 각 에피소드에 연결된 성경 구절들은 저자의 삶이 말씀과 얼마나 깊이 연결되어 있는지를 보여 주는 증거입니다.

처음 이 원고를 받았을 때, 저는 솔직히 기적적인 사건이나 드라마틱한 반전을 기대했습니다. 하지만 이 책에는 그런 요소가 없습니다. 오히려 그 자리를 채우고 있는 것은 하루하루 말씀을 붙들고 살아가는 한 목회자의 신실한 삶의 기록이었습니다. 때로는 담담하게 느껴질 수도 있지만, 과장 없이 진솔하게 써 내려간 저자의 고집스러운 진정성이야말로 이 책의 가장 큰 매력입니다. 그리고 저는 이 진정성이야말로 하나님께서 저자와 그의 사역을 귀하게 사용하시는 이유라고 확신합니다. 화려한 미사여구 없이, 신실한 삶으로 하나님의 일하심을 보여 주는 이 책을 통해 독자 여러분은 깊은 감동과 은혜를 경험하게 될 것입니다. 우리 삶 가운데 신실하게 일하시는 하나님을, 특별한 경우가 아닌 일상 속 내 삶 가운데서도 일하시는 하나님을 만나는 데 이 책은 충분히 유익합니다.

조영민 _ 나눔교회 담임목사, 『해리티지』 저자

이 책은 분류상 간증집입니다. 그런데, 결이 다른 간증집입니다. 흔히 간증집은 '넘버 쓰리'에서 '넘버 원'이 되는 이야기로 구성되어 있고, 독자들이 간증집을 찾는 이유도 그 지점에 맞닿아 있습니다. 그러나 이 책은 간증집임에도 불구하고 그 제목부터가 역설적입니다. "넘버 쓰리여도 괜찮아" 어쩌면 지금까지 가장 필요했던 간증집의 제목일지도 모릅니다. 세상의 모두가 바닥에서 정상으로 오를 수 없습니다. 그리고 그것은 성경적이지도 않습니다. 기독교의 매력은 어떤 형편에 있든지 하나님께서 쓰시기에 전혀 불편함이 없다는 것을 보여 주는 것입니다. 그래서 하나님께서 넘버 쓰리를 그 모습 그대로 어떻게 쓰시는가 하는 이 책의 이야기가 제 마음을

더 뭉클하게 하고 눈물짓게 합니다.

저자는 어릴 적부터 지금까지 큰 반전의 이야기를 담아내지는 않았지만, 그 모든 순간에, 어떤 형편에 있든지 늘 하나님께서 그를 붙잡고 사용해 오신 이야기를 담담하게 풀어내고 있습니다. 멋진 이야기입니다. 모든 사람이 하나님 앞에서 주인공이 되는 이야기입니다. 어쩌면 기독교의 가장 큰 반전은 반전이 없이도 묵묵히 살아 내는 그 모습이 아닐까 합니다. 이 땅의 절대다수의 크리스천들이 넘버 쓰리에 가까운 사람들이기에, 그들에게 그 어떤 간증집보다도 이 책이 더 위로와 힘과 용기를 주리라 믿습니다.

최병락 _ 강남중앙침례교회 담임목사, 월드사역연구소 소장

교회를 오래 다녔어도 항상 성경 공부에 목말랐던 저는 목사님을 통해 그 갈증을 조금씩 해소하게 되었습니다. 어느 여름 장마철 빗속을 뚫고 한국성서대학교로 향해 가며 나누던 복음의 이야기 속에서 목사님의 하나님에 대한 열심과 열정을 맛볼 수 있었습니다. 나에게 목사님을 한마디로 정의하라고 한다면 '특별함이 없는 특별함'이라고 말하고 싶습니다. 만나서 얘기를 하다 보면 그 '특별함' 속으로 빠져듭니다. 이 책을 통해 독자들도 목사님의 '특별함'을 발견할 수 있을 것입니다. 혹 발견하지 못한다면 목사님을 만나 이야기를 나눠 볼 것을 추천합니다. 모르는 누군가를 만나는 걸 참 어색해하시지만, 독자들이 요청하면 어디든 달려갈 준비를 하고 계

실 것입니다. 저보다 나이는 어린 목사님이지만, 삶과 신앙에 깨우침을 주고 저를 부끄럽게 할 때가 많습니다.

　의정부 어느 마을, 어느 골목에 가면 사랑과 행복과 웃음꽃이 활짝 핀 '테이블 카페'와 '행복한우리교회'가 자리 잡고 있습니다. 이재국 목사님이 내려 주는 커피를 맛보고 싶은 분들은 가보십시오. 잠시 삶의 고단함을 내려놓고서 그곳에서 꽃 피운 행복을 보며 함께 행복을 느끼고 싶은 분들 또한 꼭 가보십시오. 행복하게 목회하는 이재국 목사님의 사역을 응원하며, 은경 씨와 이 부부의 보물들 사랑, 소망, 믿음이가 계속해서 행복의 여정을 걷길 응원하고 기도합니다.

pb.choi _ 하나님의 동역자

목차

추천사 · 5
프롤로그 · 14

Story 1 도장같이 임하신 주님 · 19
Story 2 목적이 있는 부르심 · 47
Story 3 토기장이의 손에서 · 73
Story 4 오직 그분께서 일하신다 · 101
Story 5 뿌리 깊은 나무처럼 · 131
Story 6 영광 받으소서 · 159
Story 7 복음과 환대의 시간 · 205

에필로그 · 242

프롤로그

나는 신앙 1세대다. 하지만 우리 집은 조금 특이하다. 나는 하나님을 믿는 목사인데, 어머니는 신내림을 받은 보살이셨다. 스무 살 여름, 군에 입대했는데 그곳에서 신앙이 더욱 견고해졌다. 전역 후 신학대학교에 진학했고, 신학대학교를 졸업하기 전날 어머니가 갑자기 내 손을 잡고 우셨다.

> "아들! 일하면서 5남매를 키우다 보니 엄마가 너희 모두에게 고루 신경 쓰지 못했어. 지금 생각해 보니 특별히 너에겐 더 잘해 주지 못한 것 같아 더 많이 미안하구나."

어려운 형편과 집안의 반대 속에서 신학을 공부해야 했기에, 부모님께 손을 벌리고 싶지 않아 학비와 생활비를 홀로 감당했다. 어머니는 가정의 도움 없이 신학대학교를 졸업하는 내 모습을 보며 미안함과 대견함을 동시에 느끼셨다. 믿지 않는 가정에서 신학 공부를 하는 것이 결코 쉽지 않았지만, 나는 불평 없이 감사하는 마음으로 학교생활을 했다. 지금 생각해 보면, 내가 생각해도 참 신기한 일이었다.

사실 내가 좋아서 하는 일을 하는 것이라 고생이라는 말 자체가 어색하다. 반면, 어머니의 삶은 달랐다. 어머니는 초등학교 입학 무렵 부모님이 잇따라 세상을 떠나시면서 학교에 들어가지 못해 글자도 제대로 배우지 못했다. 겨우 열 살 남짓한 나이에 동생 셋을 돌봐야 했고, 두 여동생을 중학교까지 보내고 나서는 공장에 취직시켰다. 그리고 어린 남동생을 키워 주겠다는 약속 아래 열일곱 살에 아버지와 결혼하셨다. 고등학생 나이에 업둥이를 데리고 시집갔으니 얼마나 어려움이 많았을지 짐작이 간다. 어머니의 삶은 말 그대로 고생 그 자체였고, 희생의 다른 이름이었다.

어머니의 삶은 철저한 희생이었다. 어머니의 유일한 소망은 자녀들이었고, 스스로 힘이 없기에 자녀를 보호하려면 부처에게 정성을 다해야 한다고 믿으셨다. 어머니는 자신이 신내림을 받고 보살이 되어야 가족이 어려운 일을 당하지 않는다고 믿어 오셨다. 오로

지 자녀들의 안위를 위한 선택이었다. 그렇게 상황은 신념이 되었고 신념은 한 여인을 희생적인 삶으로 몰아세웠다.

신학대학교를 졸업하고 결혼하기 전, 잠시 형 집에서 어머니와 함께 산 적이 있다. 방 두 칸 중 한쪽에는 항상 커튼이 드리워져 있었는데, 그 뒤에는 큰 불상이 놓여 있었다. 어머니는 자녀들이 어릴 때는 작은 불상을 모시다가, 자녀들이 성장한 뒤 큰 불상으로 바꾸셨다. 불상 아래에 있는 작은 문을 열면 성인 한 명이 누울 만한 공간이 있었는데, 나는 종종 그 안에서 기도하다 잠들곤 했다. 청소년의 나이였다면 무서웠겠지만, 하나님이 계신 곳은 그 어디나 성전임을 알기에 두려움은 없었다. "하나님, 각 사람을 하나님의 뜻 가운데 부르셨기에 믿지 않는 가정에 저를 보내시고 목회자로 부르신 분명한 뜻이 있음을 믿습니다"라는 기도를 자주 드렸다.

하나님의 부르신 뜻에 순종하는 삶은 그 어떤 것이든 감사할 조건이 충분하다. 하나님의 부르심은 후회가 없으시기에, 나는 오늘도 주어진 환경 속에서 기쁨으로 나아간다. 엄마를 생각할 때마다 입에서 흥얼거리는 말이나 노래가 곧 진심이 될 때가 있다.

"나 있잖아! 엄마가 세상에서 제일 좋아. 하늘 땅만큼."

이 말은 만화 〈달려라 하니〉의 주제가 가사이다. 아마도 이 노래가 나오는 이유는 마음 깊숙이 자리 잡은 어머니라는 존재 때문일 것이다. 하니가 힘들 때마다 애타게 엄마를 부르며 달려갔던 것처럼, 내게도 어머니는 가족을 위해 자기 인생을 거룩하게 소비한 아름다운 여인이었다.

자식을 위해 자기 삶을 던진 어머니와 불상 아래에서 기도하다 수시로 잠들던 아들의 이야기, 그러나 나를 사랑하셔서 부르심에는 후회가 없으신 하나님을 고백하는 그 이야기를 지금 하려고 한다. 나는 이 글 속에서 오직 하나님만이 드러나시기를 간절히 바란다. 그리고 온 생애를 자식 위해 희생하신 나의 어머니를 위하는 마음으로 이 글을 시작한다.

하나님의 은사와 부르심에는 후회하심이 없느니라 _롬 11:29

Story 01

도장같이 임하신 주님

Story 01
도장같이 임하신 주님

| '넘 버 쓰 리'여도 괜찮아! |

어린 시절, 학교 운동회에서 한 번이라도 달리기 3등 안에 들어 보는 것이 나의 작은 소원이었지만, 현실은 늘 마지막이었다. 나는 늘 맨 뒤에서 달렸고, 결승선에 도착할 때면 이미 다른 친구들은 환호 속에서 등수에 맞게 도장을 받았다. 6학년 2학기 때 학교에 100m 장애물 달리기 종목이 추가되었다. 결전의 날, 나는 출발선에 섰다. 출발 신호가 울리자 간절한 마음을 담아 달리기 시작했다. '꼴찌만 면하자'라는 마음으로 장애물을 하나씩 넘으며 마지막 결승선에 다다랐을 때, 내 손목에 무언가가 찍히는 느낌이 들었다. 세상에, 내 손목에 3등 도장이 찍힌 것이다! 초등학교 6년 동안 단 한 번도 이루지 못한 소원을 이루었다. 손목에 찍힌 그 도장이 그렇게 소중할

수 없었다. 밤이 되어도 그 도장이 지워지지 않기를 바라며 손목을 살살 씻었던 그날의 감동이 지금도 선명하다. 때로는 장애물을 통하여 새로운 도전의 시간을 만날 수 있음을 알게 되었다.

세상이 정해 놓은 기준 속에서, 우리는 종종 1등과 2등만을 부러워하며 살아간다. 한석규 주연의 영화 〈넘버 3〉는 1등도, 2등도 아닌 이른바 삼류 인생의 주인공을 그려낸다. 영화 속 주인공은 사람들에게 '넘버 쓰리'라 불리며 무시당하기 일쑤였고, 그는 이 굴욕을 씻기 위해 "넘버 원은 아닐지라도 넘버 투는 된다!"라며 애써 반박하곤 한다. '넘버 쓰리'가 되는 것을 마치 삼류 인생을 상징하는 것처럼 표현하는 것이다. 세상은 삼류를 무가치하다고 평가할지라도 하나님은 언제나 이렇게 말씀하신다.

"재국아, '넘버 쓰리'여도 괜찮아!"

여섯 명이 달리는 달리기에서 항상 6등만 하다가 인생 처음으로 3등을 했다. 그런데 내가 3등을 할 수 있었던 이유는 연습을 많이 해서거나 능력이 향상되어서가 아니다. 장애물이 나에게 도장을 안겨 주었다. 때로는 장애물이 우리 삶의 결정적인 순간을 만들어 준다.

하나님은 내가 넘버 원이 아니어도, 넘버 투가 아니어도, 여전히 나를 사랑하시며, 내게 주어진 장애물조차 선물로 바꾸신다.

| 행운의 장애물 달리기 |

　장애물이란, 그 이름 그대로 우리 앞에 놓인 불편함과 난관이다. 때로는 힘들게도 하고, 때로는 장애물은 우리를 주저앉게도 한다. 그런데 이런 장애물들 속에서 우리는 뜻밖의 깨달음을 얻고, 새로운 도전을 경험할 수도 있다. 장애물 앞에서 우리가 어떤 선택을 하느냐에 따라 인생은 전혀 다른 방향으로 흘러간다. 포기할지, 아니면 그 장애물을 발판 삼아 더 나은 자신으로 도약할지 쉽지 않지만 중요한 선택이다. 고난을 겪지 않고 그 소망의 자리로 나아갈 수 있는 사람이 몇이나 있을까?

　누군가의 손에 붙잡혀 3등이라는 도장이 찍힌 날처럼, 장애물은 그저 어려움만을 주는 대상이 아니었다. 나에게 장애물은 오히려 주님을 더 깊이 만나고 의지하는 기회였다. 어린 시절, 군대, 신학대, 결혼, 사역, 개척 교회까지 나는 인생에서 수많은 장애물을 만났고, 그때마다 하나님은 그 장애물들을 내게 값진 경험으로 바꾸어 주셨다. 어릴 적부터 그분은 이미 '여호와 이레'(준비하심)의 하나님으로 내 삶 속에 계셨던 것이다. 그렇게 복음이 내 삶에 들어와 도장과 같이 사랑으로 나를 부르셨다.

> 너는 나를 도장같이 마음에 품고 도장같이 팔에 두라. 사랑은 죽음같이 강하고 질투는 스올같이 잔인하며 불길같이 일어나니 그 기세가 여호와의 불과 같으니라
> _아 8:6

| 산 넘고 물 건너 |

중학교 시절, 체육대회의 꽃이라 불리던 '산 넘고 물 건너'라는 장애물 달리기 종목이 있었다. 여러 장애물을 거쳐 바통을 넘기는 릴레이 형식으로 진행되었고, 나에게는 늘 새롭고 설레는 도전이었다. 나는 단거리 달리기에는 자신이 없었지만, 장애물 종목에서는 꽤 실력을 발휘했기에 반 대표로 선발되었다. 총소리와 함께 매트 위에서 앞구르기, 허들 넘기, 그물망 통과 등 일련의 장애물 코스를

거쳐 바통을 넘겨주는 과정은 나를 긴장감 속에 몰아넣으면서도 묘한 흥분을 안겨 주었다.

나는 여러 번 1등을 했다. 달리기에서 한 번도 상위권에 든 적 없던 내가 당당히 1등을 차지한 경험은 나에게 특별한 자신감을 심어 주었다. 장애물이 많을수록, 더 어려운 장애물을 넘을수록 내가 더 잘할 수 있다는 확신을 얻게 되었다. 그 뒤로 어려움 앞에서도 시선을 달리하는 법을 배웠고, 중학교 내내 '산 넘고 물 건너'의 대표 선수로 활약했다. 장애물은 걸림돌이 될 수도 있지만, 그것을 뛰어넘을 때 오히려 든든한 디딤돌이 된다는 깨달음을 얻은 시간이었다.

우리의 삶은 때때로 수많은 장애물로 가득 차 있다. 그러나 신앙의 눈으로 바라보면, 하나님이 허락하신 장애물은 나를 연단하고 성숙시키는 도구가 된다. 어려운 현실과 맞닥뜨리며 쌓인 경험과 성숙은 결국 하나님께서 우리를 인도하시는 사랑의 방식이다. 장애물은 우리가 하나님을 더 깊이 의지하게 만들고, 그 안에서 더 큰 은혜와 평안을 경험하게 한다. 그분이 함께하시기에 우리에게 평안이 주어지고, 두려움 없는 발걸음을 내디딜 수 있다.

믿음의 도전을 한 사람에게는 공통점이 있다. 만만치 않은 장애물을 만났으나 복음으로 그 시간을 뛰어넘었다는 점이다. 우리에게 닥친 고난의 높이를 재기보다 하나님께서 우리와 함께하신다는 것과 복음의 능력을 경험하는 도전이 있어야 할 것이다.

주의 법을 사랑하는 자에게는 큰 평안이 있으니 그들에게 장애물이 없으리이다
_시 119:165

끊임없이 교회로 부르신 하나님

어린 시절 나는 몇 번이나 교회에 가 본 적이 있다. 일곱 살 여름, 놀이터에서 놀고 있을 때 몇 명의 여성분들이 다가와 여름성경학교를 권하며 교회로 초대했다. 처음 갔던 교회에서 전지를 넘기면서 불렀던 노래가 아직도 생생하다.

돈으로도 못 가요 하나님 나라
어여뻐도 못 가요 하나님 나라
거듭나면 가는 나라 하나님 나라
믿음으로 가는 나라 하나님 나라

초등학교 4학년 때, 길거리 전도를 통해서였는지 정확히 기억나진 않지만 동생과 함께 걸어서 20분 거리의 교회를 6개월 동안 열심히 다녔다. 주일 아침, 먼 길을 걸어가며 교회를 향하던 그 오묘한 설렘이 지금도 마음에 남아 있다. 6개월 뒤 이유도 없이 발길이 끊겼지만, 그 시간은 내 안에 잔잔한 떨림과 추억으로 남아 있다. 어렴풋이 느껴지던 그 설렘은 마치 하나님께서 내게 계속 신호를 보내셨다는 증거처럼 느껴진다.

6학년 겨울에는 친구를 따라 성탄절 연극에 참여하게 되었다. 그때 선한 사마리아인의 비유를 연극으로 준비하고 있었다. 대본에 따르면, 첫 번째 등장한 사람은 어려움에 처한 사람을 보고도 그냥 지나쳤고, 종교 지도자라는 두 번째 사람도 아무런 도움 없이 떠났다. 그런데 마지막으로 나타난 허름한 옷차림의 이방인이 상처 입은 사람을 돌보고, 치료하고, 치료비까지 맡겨 두고 떠나는 역할이었다. 이 연극에서 나는 강도를 만나 상해를 입은 환자 역을 맡았었다.

세월이 지나 목사가 된 후, 나는 그 연극에서 내가 맡았던 역할이 더욱 깊은 의미로 다가왔다. 지금 돌이켜보면 어린 나이에 맡았던 그 상처 입은 자가 바로 내 모습이었다는 생각이 든다. 당시 나는 착실하게 부모님 말씀을 잘 따르고 친구들과도 잘 지냈기에, 굳이 신이 필요한가 싶었다. 그러나 진실은 내가 다른 사람의 도움이 없이는 살 수 없는 '강도 맞은 자'라는 것이었다. 선한 사마리아인의 비유는 하나님이 어떻게 사람들을 통해 우리에게 오시는지를 보여 준다. 제사장이나 레위인처럼 우리가 당연히 기대하는 모습으로 오시기도 하고, 때로는 뜻밖의 모습으로 예상치 못한 순간에 다가오시기도 한다. 생각해 보면 하나님은 일곱 살의 여름부터 끊임없이 나를 부르셨다. 초등학교 4학년, 그리고 6학년 성탄절 연극을 통해서도 계속해서 나를 부르셨다. 그렇게 부르심을 받았지만 주님을 온전히 영접한 것은 중학교 2학년 때였다. 그리고 세월이 흘러 목회자가 되었다.

우리는 종종 신앙이 우리의 선택이라고 착각하기 쉽다. 나 또한 교회를 가기로 결정한 것이나 예수님을 선택한 것은 내 선택이라 여겼다. 하지만 하나님을 점점 알아가면서, 나를 먼저 부르신 분이 하나님이셨음을 깨닫게 되었다. 성경 속 예수님의 제자들도 마찬가지였다. 그들은 자신의 선택으로 예수를 따랐다고 여겼지만, 예수님은 이미 그들을 먼저 알고 계셨다. 그들이 예수를 발견한 것이 아니라 예수님이 그들을 불러내신 것이다. 나 역시 그러했다. 하나님은 오랜 시간 속에서도 나를 기억하시고 끊임없이 찾아오시며, 나를 당신의 자녀로 부르셨다.

> 하나님이 모든 것을 지으시되 때를 따라 아름답게 하셨고 또 사람들에게는 영원을 사모하는 마음을 주셨느니라 _전 3:11

세상의 옷이 아닌 그리스도로 옷 입기

어릴 적 남자아이들이 경찰관이나 소방관, 군인을 동경하는 이유 중 하나는 바로 제복의 매력 때문이 아닐까? 옷은 단순히 입는 것을 넘어, 그 사람의 정체성과 마음가짐을 드러내는 수단이 되기도 한다. 어떤 옷을 입느냐는, 그 사람이 스스로를 어떻게 정의하고 싶은지를 담아낸다는 의미로 볼 수 있다. 어린 시절, 나에게도 그런 의미 있는 옷이 필요했다.

1991년 강원도 고성에서 세계 잼버리대회가 열렸다. 나는 당시 초등학교 5학년으로, 주변 친구들이 보이 스카우트나 걸 스카우트 같은 단체에 하나둘씩 가입하던 때였다. 사실 이 단체들의 본질은 봉사와 단체 활동이었지만, 솔직히 말해 어린 나에게는 그보다 보이 스카우트의 제복이 더 강렬하게 다가왔다. 넥타이와 견장, 뱃지 등 그 제복은 나에게 마치 히어로 슈트처럼 멋지게 보였다.

봉사단체를 돈으로 따지면 안 되지만, 그 당시 '보이 스카우트'를 하는데 가장 많은 돈이 들어갔다. 그다음이 '아람단'이고, 그다음은 'RCY'였다. 어느 날, 어머니에게 '보이스카우트'를 하고 싶다고 말했다. 당연히 어머니는 그게 무엇인지 확인도 하기 전에 돈이 꽤 많이 들어간다는 말을 듣고는 단칼에 안 된다고 하셨다. 사실 어머니의 반응을 예상했기에, 한발 양보하여 '아람단'을 하겠다고 했다. 역시나 돈이 들어가서 안 된다고 하셨다. 그것조차 이미 예상했기 때문에 당황하지 않고 'RCY'를 하게 해 달라고 하였다. 오랜 기간 모아두었던 세뱃돈을 드리면서 반은 용돈으로 내겠다고 하였다. 캬, 이 얼마나 멋진가? 초등학교 내내 모았던 돈을 어머니께 드리며 하고 싶은 활동을 하겠다는 그 당당함과 철든 모습은 스스로 생각해

도 너무 대견했다. 그런데 예상과 달리 이 또한 허락받지 못했다.

그날의 기억이 생생하다. 오후 3시부터 이불을 뒤집어쓰고 울기 시작하여 저녁도 안 먹고 울었다. 내 생에 이렇게 오래 울었던 기억은 처음이었다. 부모님을 슬프게 하거나 떼를 쓴 적이 없던 아이였는데, 그날은 너무 서러워서 마냥 울고 싶었다. 울음을 멈추고 싶지 않을 정도로 실망감이 컸다.

사실 오랫동안 봉사단을 할 생각은 없었고 1년 정도만 하려고 했었는데 그조차도 다 거절당하다니, 어린 마음 안에 이미 거절에 대한 슬픔과 위축 등이 있었던 것 같다. 사람은 언제 큰 낙심을 할까? 정말 큰 일을 경험할 때는 오히려 포기와 인정이 빠르다. 진짜 좌절을 하는 경우는, 이 정도면 될 것 같다고 생각했던 것이 전혀 예상과 다르게 틀어질 때이다. 충분히 가능할 것처럼 보인 일이 이루어지지 않아서 서러움이 더했다.

그때부터였던 것 같다. 성인이 될 때까지 나를 가장 힘들고 불안하게 했던 것은 '거절당함'이었다. 지금도 사실 누군가에게 부탁하는 것을 잘하지 못한다. 그래서 항상 상대방의 부탁은 무리가 되더라도 다 들어 주는 편이지만, 정작 누군가에게 부탁하는 것은 어렵다.

일곱 살 때는 유치원에 다녀오는 아이들을 보며 부러워했고, 초등학교 때는 학원을 다니는 친구들을 부러워했었다. 이런 나에게 최소한의 보상을 해 주고 싶었던 열두 살 아이는 많이 슬펐다.

신학대학교를 졸업하는 날, 어머니는 전화 통화를 하는 중에 갑자기 미안하다고 하면서 우셨다. 아마도 어렸을 때 좀 더 잘해 주고 싶었는데 그러지 못했던 그 시절이 떠올라 우신 듯하다. 넉넉하지 못한 살림에 오 남매를 키우셨던 어머니의 마음을 성인이 된 지금이 돼서야 이해할 수 있을 것 같다. 아니 오히려 밥도 먹지 않고 서럽게 울 때, 아들을 보는 어머니의 마음은 얼마나 힘드셨을지 생각하니 죄송한 마음뿐이다.

지금 생각하면 왜 그렇게 다른 아이들의 옷을 부러워하고, 입고 싶어 했는지 모르겠다. 예수님을 믿고서 나에게 찾아온 큰 변화가 있다면 누구와 비교하지 않는 것이다. 스스로 큰 노력을 안 해도 누구보다 좋은 가정에서 최고의 교육을, 또 좋은 것을 누린 삶에 대하여 부러워하지 않는다. 이제는 '세상의 옷을 입지 못한다고' 서러워하지 않는다. 그리스도께서 부르시고 함께하는 기쁨을 주셨기에 주어진 모든 상황과 환경은 오직 우리를 위해 존재한다고 믿기 때문이다.

시간이 지나면서 비교할 대상이 많아졌지만, 내 마음에는 어느새 '세상의 옷을 입지 못했다'는 서러움 대신 하나님이 입혀 주시는 평안이 자리했다. 사도 바울도 갈라디아서에서 "그리스도로 옷 입으라"라고 권면했다. 이는 단순히 '믿음을 가지라'는 의미를 넘어서, 우리의 일상과 정체성이 복음의 능력으로 옷 입기를 바라는 초대다.

이제는 내가 5학년 때 그렇게 입고 싶어 하던 그 멋진 제복 대신, 그리스도의 옷을 입는 삶을 고백한다. 스스로 강하고 멋져 보이기 위해 제복을 입던 어린 시절을 지나, 이제는 그리스도로 옷 입음으로 그분 안에서 안식과 기쁨을 누린다. 이 길이 내게 가장 멋지고 자랑스러운 제복임을 감사히 고백한다.

> 누구든지 그리스도와 합하기 위하여 세례를 받은 자는 그리스도로 옷 입었느니라
> _갈 3:27

일진 친구의 죽음

시골 마을에서 순진하고 어리숙한 꼬맹이로 살던 내가 처음으로 인생에 대해 고민하게 된 건 중학교 2학년 무렵이었다. 그 시기에 감사하게도 나는 예수님을 믿게 되었고, 지금 돌이켜보면 예수님을 만난 그 사건의 배경에는 중학교 1학년 때 겪었던 어떤 일이 영향을 주었던 것 같다.

나에게는 다섯 살 때부터 함께 자란 친구가 있었다. 우리는 같은 동네에서 자주 어울려 놀았고, 집에서도 놀이터에서도 늘 함께였다. 하지만 중학교에 올라가면서 친구는 이른바 '일진' 무리와 어울리기 시작했다. 사실, 친구는 싸움을 잘하거나 힘이 센 편도 아니었다. 단지 분위기에 휩쓸려 어느새 주먹 세계에 발을 들여놓게 되었을 뿐이었다. 친구는 초등학교 때와는 다른 모습으로 변해갔고, 그와의 거리는 점점 멀어졌다.

어느 여름날 오랜만에 그 친구와 마주하게 되었다. 그날 그는 자기 내면의 갈등을 솔직히 털어놓았다.

"나, 사실 무리에서 나오고 싶은데 그게 잘 안된다."

친구의 말은 그때는 이해하기 힘들었지만 지금 생각해 보면 겉으로 강해 보이려는 모습과 그 속에서 무서워하는 모습이 엇갈리는 처절한 갈등이었던 듯하다. 하지만 안타깝게도 중학교 2학년 무렵, 그 친구는 짧은 생을 마감했다. 친구가 세상을 떠나기 전, 빠르게 변해가는 그의 모습을 보면서도 나는 그 수렁에서 나오라고 말할 용기가 없었다. 그저 무기력하게 바라보기만 했다. 친구가 세상을 떠난 이후, 내 안에 남은 건 깊은 후회와 자책뿐이었다. '조금만 더 친구 곁에 있었더라면…' 하는 아쉬움이 오랫동안 머리를 떠나지 않았다.

그로부터 몇 달 뒤, 교회를 가게 되면서 예수님을 만났고 삶과 죽음이 생각보다 가까운 거리임을 깨달았다. 삶 속에서 늘 곁에 있는 이들에게 진심을 다해 사랑을 전하는 것이 얼마나 중요한지를 배웠다.

인간은 무한한 시간과 기회를 가진 존재가 아니기에 관계는 소중하고, 한 사람의 인생 속에 들어가 진심을 다하는 것은 더없이 중요하다는 교훈을 경험하였다. 그 친구와의 만남은 하나님께서 나에게 일찍이 주신 소중한 관계였고, 예수님을 만난 이후에도 그 기억은 나를 신앙의 길로 이끌었다.

요나단의 삶은 진실하게 사람을 사랑하는 것이 어떤 의미인지를 깨닫게 한다. 신앙은 결국 진심을 다해 사람을 사랑하고 그들의 고통과 기쁨에 동참하는 것이다. 그 이후로 여전히 부족하지만 진정으로 사람을 대하려고 노력한다.

> 다윗에 대한 요나단의 사랑이 그를 다시 맹세하게 하였으니 이는 자기 생명을 사랑함같이 그를 사랑함이었더라 _삼상 20:17

우리가 만나는 한 사람 한 사람은 그 자체로 하나님이 우리에게 주신 특별한 선물이다. 우리의 인생은 가끔 한 걸음 차이로 끝나거나 완성될 수 있다. 그렇기에 우리는 언제나 사람들에게 진심을 다해야 한다. 삶과 죽음이 한 걸음 차이일 뿐이라면, 그 걸음이 사랑으로 채워질 수 있도록 오늘도 진심을 다하고 싶다. 이제는 그날 친구와의 마지막 순간이 내 신앙의 시작이 되었음을 깨달으며, 주님 안에서 다른 이에게 진심을 전하는 삶을 살기를 소망한다.

> 진실로 여호와의 살아 계심과 네 생명을 두고 맹세하노니 나와 죽음의 사이는 한 걸음 뿐이니라 _삼상 20:3하

| 생 애 첫 가 출 |

고등학교 1학년이 되면서 나의 예배와 찬양이 이전보다 더 진지해졌다. 5명으로 시작한 학생회가 50명 이상의 규모로 성장했고, 우리는 남양주에 있는 수동 기도원으로 수련회를 가기로 했다. 그런데 예상치 못한 문제가 생겼다. 불교 신자이신 어머니가 수련회에 가는 것을 허락하지 않으셨다. 처음에 어머니는 내가 교회에 가는 것을 단순한 '문화생활' 정도로 여기셨다. 그러나 내가 진지한 눈빛으로 신앙을 바라보고 있음을 느끼시자, 상황은 달라졌다. 며칠간 설득했지만, 어머니는 끝내 단호하셨다. 결국 수련회가 시작되는 날 새벽, 나는 어머니께 편지를 남겨두고 인생 첫 '가출'을 감행했다. 편지 내용은 이러했다.

"부모님, 항상 사랑으로 키워 주셔서 감사합니다. 제가 아직 어리지만, 특별히 부모님 말씀을 거역하거나 속상하게 한 적은 없었던 것 같아요. 하지만 이번에는 부모님 마음을 불편하게 해 드린 것 같네요. 왜 수련회에 가는 것을 반대하시는지 이해해요. 하지만 예수님을 믿는 것은 누구에게 피해를 주는 일도, 저를 망치는 일도 아니에요. 오히려 예수님을 믿는 것은 제가 더 가치 있는 삶을 살게 하는 원동력이 되고 있어요."

그렇게 수련회로 향하며 생애 첫 신앙의 도전이 시작되었다. 말씀, 기도, 찬양의 모든 순간이 소중했고 간절했다. 사흘간의 수련회는 내게 은혜의 시간이었다. 돌아오는 길에 나는 어머니가 편지를 보시고 마음 상하지는 않으셨을까 걱정이 되었다. 집에 도착했을 때 어머니는 아무 말씀도 하지 않으셨다. 나는 아마도 어머니가 나의 진심을 느끼셨거나, 그간의 내 기도가 응답된 것이라 생각했다.

이후 고등학교 2학년 수련회가 다가왔다. 시간이 지날수록 복음의 은혜는 더 깊어졌고, 예수님을 믿는 일이 내 삶의 이유와 목적이 되었다. 이번에도 어머니는 강하게 반대하셨고, 나는 며칠을 기도로 준비했다. 그리고 이번에는 누나도 수련회에 초대했는데 다행히 누나도 참석하기로 했다. 출발하는 날 아침, 나는 공중전화로 어머니께 전화를 걸어 "이번 수련회에는 누나도 함께 가니 이해해 주세요"라고 말씀드렸다. 비장한 마음이 차오르며 나의 결심을 더욱 굳게 했다.

수련회는 요즘처럼 자유로운 분위기라기보다는, 새벽부터 저녁까지 기도와 예배로 꽉 찬 일정이었다. 나는 누나가 잘 적응할 수 있을지 걱정되어 하나님께 금식하며 간절히 기도드렸다. 첫 금식이었지만 기도와 예배에 온전히 몰입할 수 있는 시간이었고, 오히려 몸과 마음에 특별한 은혜와 힘이 느껴졌다. 집회가 끝나고도 숙소로 돌아가지 않고 본당에서 새벽까지 기도하며 하나님께 간절히 매달렸다.

어머니의 반대에도 수련회에 갈 수밖에 없었던 내 마음은, 하나님의 사랑을 알고자 하는 간절함이었다. 어머니의 반대에도 신앙은 더욱 강해졌고, 하나님과의 관계도 단단해졌다. 반대에도 불구하고 두 번이나 수련회를 다녀왔지만 어머니가 혼내지 않으신 이유는 아직도 모른다. 단 하나 확실한 것은 당시 내 마음이 어느 때보다 진중했고, 인생을 하나님께 전부 드리는 것도 두렵지 않은 확신과 간절함이 있었다.

> 나를 사랑하는 자들이 나의 사랑을 입으며 나를 간절히 찾는 자가 나를 만날 것이니라 _잠 8:17

| 이른 비 늦은 비 |

학생 시절, 내가 다니던 교회는 작고 지하에 위치한 원주 성언교

회였다. 처음에는 또래 친구 4명 정도가 모였으나, 2년이 채 되지 않아 학생회는 40명 이상으로 늘었다. 지금 돌이켜봐도 놀라운 일이었다. 공부와 예배, 기도로만 생활했지만, 그 시절은 행복으로 가득했다. 이성영 목사님과 이선영, 한경은 선생님들의 헌신 덕분에 우리는 영적 도전을 경험했고, 하나님을 알고 복음을 전하며 성장했다. 요즘은 '버스킹'이라 부르지만, 그때는 '노방 전도'라 하여 기타 하나를 들고 거리에서 찬양을 불렀다.

특별한 찬양의 날이 다가오면, 우리는 장소를 정하고 온갖 악기를 준비했다. 한여름의 햇살이 밝았던 날이었는데, 찬양하기 몇 시간 전에 갑자기 비가 내렸다. 수개월 동안 준비했기에 우리는 지하 교회로 들어가 비가 그치기를 한 시간 넘게 기도했다. 그런데 기도 중에도 비는 점점 더 많이 내렸다. 이 상황에서 우리가 할 수 있는 최선은 기도였고, 찬양할 수 있는 방법을 찾는 것이었다. 약 삼십 분 후에 마음을 다잡고 결단했을 때, 신기하게도 비가 완전히 멈췄다. 일기예보에서는 저녁까지 비가 올 것이라 했지만, 우리는 오후 두 시쯤 비가 그친 기적에 감사하며 마음껏 찬양을 올릴 수 있었다.

이 경험은 우리에게 마치 오순절 성령 강림과도 같은 감격을 주었다. 매일 하나님의 은혜에 감사하며, 말씀 속에서 살아가던 그 시절은 오롯이 하나님의 영광을 경험하는 날들이었다.

6개월 후, 우리는 다시 거리 찬양을 준비하게 되었다. 이번에는 40여 명의 학생회 멤버들이 두 팀으로 나뉘어 원주 시내 곳곳에서 90분 동안 찬양할 계획을 세웠다. 그동안 우리는 하루도 빠짐없이 기도하며, 찬양을 통해 하나님의 사랑을 전하기 위해 온 힘을 다해 준비했다. 그러나 찬양하는 날 또다시 비가 내렸다. 이전에 비가 멈추었던 경험이 있었기에 우리는 다시 기도하기 시작했다. 이번에도 비가 그치기를 기도했지만 비는 계속 내렸다. 비를 멈추게 하는 것은 우리의 몫이 아니지만, 하나님을 찬양하는 것은 언제나 우리의 선택이다. 우리는 우비를 입고 최소한의 악기를 챙긴 채 거리로 나갔다. 버스 창문 너머로, 우산을 쓰고 지나가는 이들의 시선 속에서 우리는 찬양했고, 오히려 그날의 찬양은 그 어느 때보다 뜨거웠다.

이스라엘 백성들에게 비는 생명의 상징이자 농사의 성패를 가르는 중요한 요소였다. 농사는 '이른 비'로 시작하고 '늦은 비'로 수확을 마무리하는 5개월간의 여정이다. 이러한 자연의 순환은 인간의 손을 떠난 영역으로, 모든 것은 하나님의 주권 속에 있다. 비가 오는

것도 그치는 것도 하나님의 결정이기에, 우리는 그 결과에 상관없이 하나님께 전적인 감사를 드려야 한다는 것을 배운다. 신명기 11장 14절 말씀처럼, 우리 삶 속의 '비'는 하나님의 계획 안에서 필요한 때에 적절하게 내리고 있다.

또한 이 말씀 속의 비유는 우리 영적 성장의 이른 시기와 늦은 시기에 각각 필요한 은혜를 깨닫게 해 준다. 우리에게 이른 비와 늦은 비는 필요에 따라 주어지며, 그분의 방법대로 우리를 이끄신다는 신뢰가 필요하다. 바알이 비를 내려 준다고 여겨 이스라엘 백성도 이방사람들처럼 사사시대 이후에는 바알을 숭배했다(삿 2:11-13; 왕상 16:29-33).

비를 멈추게 할 수는 없지만, 신자는 감사와 기쁨으로 그 속에서도 찬양할 수 있다. 지금도 그 시절 찬양했던 시간들이 자주 생각이 난다.

> 여호와께서 너희의 땅에 이른 비, 늦은 비를 적당한 때에 내리시리니 너희가 곡식과 포도주와 기름을 얻을 것이요 _신 11:14

| 회복의 부르심 |

고등학교 1학년 때, 교회에 전도되어 온 한 친구가 있었다. 그 친구는 공부와 재능이 뛰어났고, 사람을 대하는 마음도 따뜻했다. 예수님을 믿은 지 두 달도 되지 않았지만, 마치 오래 신앙생활을 해 온 사람처럼 교회에 진심이었다. 그러던 중 고2가 되면서 그에게 특별한 일이 찾아왔다. 어렸을 때 헤어진 엄마를 만나게 된 것이다. 나는 그의 기쁨을 진심으로 축하했다. 하지만 그 기쁨은 오래가지 않았다. 엄마가 아들을 찾은 이유가 15년 만에 발견된 시한부 판정 때문

이라는 사실을 알게 되었다. 그때부터 친구는 방황하기 시작했고, 나는 그 곁을 지키려 애썼다.

중학교 때 일진 친구가 먼저 세상을 떠난 아픔을 겪었던지라 더 마음을 다해 친구 곁에 머물러야 한다고 생각했다. 나는 그 친구와 함께 시간을 보내며 위로하고 최선을 다했다. 하지만 친구의 방황을 막을 수는 없었다. 나는 결국 내 힘으로 그를 붙잡으려 했던 교만함을 깨닫고, 그를 하나님께 맡겨드리기로 했다. 그리고 친구에게 이렇게 말했다.

"교회에서 기다릴게. 다시 돌아올 때 꼭 연락해 줘."

방황하는 친구와 함께 하는 동안 본의 아니게 교회 분위기를 흐리게 되었다는 것을 뒤늦게 알았다. 나는 기도 외에는 아무것도 할 수 없었다. 친구는 교회를 떠났고, 학교도 그만두었다. 나는 죄책감에 사로잡혀 매일 예배당을 오가며 하나님께 용서를 구했다. 그러던 즈음, 교회 선생님께서 나를 부르셨다.

"재국아, 재국아!"

내 이름을 두 번 부르는 선생님의 따뜻한 목소리를 듣는 순간, 눈물이 왈칵 쏟아졌다. 내가 친구와 방황하며 교회의 분위기를 흐렸다고 스스로를 정죄했던 내게, 선생님은 부드럽고도 단호하게 말씀하셨다.

"재국아! 네 잘못이 아니야. 그리고 너의 최선을 하나님도 다 알고 계셔."

그 한마디에 내 마음이 풀렸다. 묶여있던 죄책감에서 벗어나 자유를 얻고, 다시 시작할 힘을 얻었다. 선생님의 말은 마치 하나님의 음성처럼 내 마음을 치유했다. 때로 우리는 누군가를 도우려는 마음에 하나님이 아닌 스스로의 힘을 의지할 때가 있다.

가장 처절하고 속상했던 어린 날의 시간이 오히려 하나님과 사람을 이해하는 눈이 생기는 계기가 되었다. 그 선생님이 이름을 두 번 불러 주셨을 때 무거운 책임감에서 평안함을, 죄인 된 모습에서 하나님의 자녀임을 느끼고 경험하게 된 것이다. 응원하는 목소리로 나의 이름을 부르신 선생님을 통해 나는 깨달았다. 하나님 앞에서 내가 해야 할 일은 스스로에게 짐을 지우고 해결하려는 것이 아니라, 겸손하게 나 자신을 내려놓고 하나님을 의지하는 것이었다.

성경 속에서 주님은 좌절 속에 있는 이들을 찾아가셔서, 그 이름을 두 번 부르신다. 두 번 부르신다는 것은 우연이 아닌 필연 속에서 부르신다는 의미이다. 모세를 위로하시고 회복으로 초대하신 하나님은 지금도 우리를 부르고 계신다. 좌절 속에 있는 우리에게도 하나님은 회복으로 우리를 부르신다.

> 여호와께서 그가 보려고 돌이켜 오는 것을 보신지라. 하나님이 떨기나무 가운데서 그를 불러 이르시되 모세야 모세야 하시매 그가 이르되 내가 여기 있나이다
> _출 3:4

Story 02

목적이 있는 부르심

Story 02
목적이 있는 부르심

| 말씀이 살아 움직이는 시간 |

성인 남자에게 군대는 많은 의미를 갖는다. 대부분 군대에 가는 것을 꺼리지만 나는 오히려 '광야'와 같은 군대 생활을 갈망했다. 광야에 서면 하나님의 음성이 더 선명하게 들릴 것 같았기 때문이다. 그곳에서 듣고 싶은 단 하나의 음성은 "너를 사람을 낚는 어부로 부르겠다!"라는 말씀이었다.

그 말씀만 있다면 내 모든 것을 포기할 준비가 되어 있었다. 개인적인 경험이 일반화될 수는 없지만, 하나님은 가장 중요한 시기에 간절한 기도에 응답이라도 하시듯 정확한 타이밍에 찾아와 주셨다.

원주에서 대학 생활을 하며 신앙을 지키려 애썼지만, 나 역시 세상의 유혹에 쉽게 흔들렸다. 선배들의 강요로 술자리에 참석하며 스스로를 합리화했고, '좋은 인맥'을 통해 성공이 보장되는 듯했다. 그러나 성실한 학생으로 평가받고 인정받는 것, 좋은 평가와 연결된 성공이 주는 안락함이 진짜 내가 바라는 삶이었는지 의문이 들기 시작했다.

겉으로는 스무 살 성인이었으나, 속내는 아직도 이리저리 흔들리는 어린아이에 불과했다. '성실한 학생'이라는 껍데기 속에서 나는 이리저리 타협하며 남들보다 조금 더 앞서 나가는 것이 전부인 것인지 고민이 되면서 누군가 나를 새로운 환경, 신앙의 여정으로 이끌어 주길 간절히 바랐다. 그런 시기에 먼저 신학교에 입학한 친구 현균이에게 전화가 왔다.

"재국아, 혹시 서울에서 나랑 같이 신앙생활 해 볼 생각 있냐?"

그 제안에 나는 단 1초도 망설이지 않고 "예스"를 외쳤다. 그러곤 곧바로 휴학을 결심하고, 군 입대 전까지 하나님께 집중할 수 있는 시간만을 꿈꾸며 서울로 떠났다. 가족에게 인사를 하고 작은 가

방 하나를 들고 서울로 올라갔다. 친구와 그의 누나들이 따뜻하게 챙겨 주었고, 나는 완전히 새로운 환경에서 오직 하나님만을 예배하겠다고 다짐했다.

그때부터 시작된 생활은 고된 노동과 기도의 여정이었다. 하루에 12시간씩 노동하며 새벽기도와 철야기도, 성경 읽기에 매일같이 매진했다. 육체적으로는 힘들었지만, 마음만은 그 어느 때보다 자유롭고 은혜 충만했다. 처음 2주 동안은 피곤함에 매일 코피를 흘리기 일쑤였지만, 그 시간 속에서 느껴지는 기쁨과 감사가 나를 감싸고 있었다. 이 시기는 나에게 진정한 광야 체험이었고, 그 속에서 하나님의 은혜는 더욱 또렷하게 내 삶을 채워 주었다.

시간이 흐르자, 말씀은 내 안에서 생명력을 얻기 시작했다. 성경을 펴지 않아도 그 말씀이 내 생각 속에 떠올라 묵상할 수 있었다. 말씀이 내 안에서 살아 움직이는 놀라운 경험을 했다. 이로 인해 내 신앙의 목적이 더욱 선명해졌다. 과거에는 더 나은 직장이나 학교가 목표였다면, 이제는 그저 하나님과 동행하는 그 시간이 나에게 가장 큰 소중함이었다. 세상에서 무언가를 더 얻는 것이 아니라, 하나님과 함께하는 그 자체가 기쁨과 소망의 원천이 되었다.

오직 하나님과의 관계로 채워지는 여정 속에서 나는 내 삶의 중심이 세상이 아닌 하나님임을 다시 한번 확인했다. 고된 노동과 기도, 성경 묵상을 통해 내 속사람이 회복되었고, 하나님을 더욱 깊이 사랑하는 마음이 불타올랐다.

주여, 이제 내가 무엇을 바라리요. 나의 소망은 주께 있나이다 _시 39:7

하나님의 귀에 들리는 대로

다른 사람들과 달리 나는 일상을 잠시 멈추고 생각할 시간이 필요해 군대를 빨리 다녀오고 싶어서 또래들 중에 일찍 군대에 갔다.

그러나 군대에 가고 싶은 마음이 있었다고 해도, 긴장과 떨림은 피할 수 없었다. 신병훈련소에서의 6주 훈련 중 가장 힘들었던 것은 단연 행군이었다. 군화는 축축하게 젖어 발은 퉁퉁 부었고, 오랜 시간 걷느라 발바닥의 허물이 벗겨지는 고통이 더해졌다. GOP 지역에 접어들 무렵, 문득 한 부대가 눈에 들어왔다. 표어에는 굵은 글씨로 "이겨 놓고 싸우는 부대"라고 쓰여 있었다. 순간 그 부대가 불쌍하게 느껴졌고, 왠지 모를 외로움과 힘겨움이 스쳐 갔다. 그때

무심코 중얼거렸다.

"저런 곳에서 군 생활 하는 사람들은 정말 생고생 하겠다. 진짜 불쌍해."

수많은 부대 중 유독 그 부대가 마음에 깊이 남았다. 그리고 6주 훈련을 마치고 자대에 배치되는 날이 되었다. 50명씩 4개의 막사에 모여 배정을 기다리는데, 내 이름은 오후 4시가 넘도록 불리지 않았다. 시간이 흘러 오후 5시, 모두가 배치를 받고 나서야 혼자 남은 내 이름이 불렸다. 너무 늦게까지 기다리느라 어디로 가는지조차 궁금하지 않았다. 그렇게 기다리던 내 이름이 불렸다는 것만으로도 기뻤다.

그런데 간부와 함께 차를 타고 향한 곳은 다름 아닌 "이겨놓고 싸우는 부대"였다. 일주일 전 그토록 고생스러워 보였던, 그래서 연민마저 들었던 그곳으로 내가 가게 된 것이다. 순간 소름이 돋았고 마음을 가다듬게 되었다. 그때 하나님께서 내게 이렇게 말씀하시는 것만 같았다.

"재국아, 두려워하지 마라. 여기서 네가 강하게 훈련받고, 내 깊은 뜻을 더 알게 될 거란다. 내가 너를 인도하며 지킬 거야."

군 생활은 나에게 그저 의무가 아니었다. 입대 전부터 하나님께서 목회자로서 나를 부르셨다는 확신을 가졌고, 그 뜻을 더 분명히 깨닫기를 간절히 기도했다. 그러나 그 다짐만으로는 부족했다. 군대에서의 시간은 쉽지 않았다. 때로는 글로는 차마 표현하기 어려운 일들이 많았고, 원망이나 불평이 밀려올 때도 있었다. 하지만 주님께서는 그런 순간에도 감사와 믿음으로 내 마음을 단단하게 하셨다. 주님과 동행하는 법을 배우는 시간이었다.

하나님의 부르심을 온전히 따라 나아갈 때, 주님께서 말씀하신 대로 내 삶이 디자인되리라 믿는다. 내 말이 아닌 하나님의 말씀과 약속대로 이루어지는 은혜가 있음을 확신한다.

> 그들에게 이르기를 여호와의 말씀에 내 삶을 두고 맹세하노라. 너희 말이 내 귀에 들린 대로 내가 너희에게 행하리니 _민 14:28

목적이 있는 기도

군대에서 신학생이 군종병으로 복무하는 것은 흔한 일이다. 그때 나는 신학생이 아니었기에 군종병이 될 가능성이 상대적으로 적었다. 군종병이 되는 것은 단순히 군대에서 종교적 역할을 수행하는 것 이상이었다. 나에게 군종병은 하나님께서 나를 목회자로 부르시는 작지만 분명한 표적이자 확신이라 느껴졌고, 그래서 나 또한 간절히 그 자리에 서고 싶었다.

그때 내게 목회자의 소명은 세 가지 기준으로 분명하게 인식되었다. 첫째는 부모님의 서원 기도였다. 둘째는 부흥사들이 특별히 나를 지목해 목회의 길을 가야 한다고 말해 주는 것이다. 셋째는 특별한 꿈이나 환상 같은, 나만의 강력한 체험적인 확신이었다. 나는 하나님께서 이 세 가지 중 하나로 나를 부르셨다면, 그 길이 내 개인적인 바람이 아니라 하나님의 뜻이라는 확신을 가질 수 있겠다고 믿었다. 그래서 나는 평생 단 한 번이라도 분명한 사인과 표적을 구하며, 이 길이 하나님의 뜻 속에 있기를 간절히 기도했다.

군 복무 중 내가 배치된 곳은 연천 대광리의 GOP 지역에 있는 부대였다. 중대 인원이 적었기에 종교 행사에 참석하면 누군가는 그 시간에 근무를 서야 했는데 대개 고참들에게 예우를 지키며 후임들이 종교활동을 자제하는 분위기였다. 대신 주일이나 수요일 저녁, 나는 포상에서 혼자 기도하는 시간을 가지며 하나님을 만나고자 했다. 그 시간은 나에게 하나님과의 조용한 대화 시간과 같았고, 소명을 확인하는 순간으로 이어졌다.

그러던 어느 날, 신앙이 있는 후임병이 들어왔는데 그는 약한 자폐 증세가 있었지만 신앙 안에서 서로의 이야기를 나누며 기도의 동역자가 되었다. 그 후임병은 군생활 중 흔히 경험할 수 없는 순수한 믿음으로 나를 감동시켰고, 우리는 서로에게 위로와 소망을 주고받았다. 나에게는 하나님께서 보내 주신 그 후임병이 또 하나의 기도의 응답처럼 느껴졌다.

두 달쯤 지난 어느 날, 대대 본부 교회의 군종병이 심각한 피부병으로 인해 조기 전역을 앞두게 되면서 새로운 군종병을 뽑아야 한다는 소식이 전해졌다. 그런데 놀랍게도 그 군종병이 나를 추천하고 싶다며 의사를 물었고, 나는 간절한 마음으로 수락했다. 군종병 복무를 마치지 못하게 된 그에게는 미안함이 컸지만, 이 순간이 하나님께서 주시는 부르심이자 응답이라 믿고 감사했다.

며칠 후, 수요예배를 마치고 돌아오니 그 군종병이 내 군복 주머니에 작은 손 편지를 남겨 두었다. 기대와 설렘으로 편지를 열어 보니 이렇게 적혀 있었다.

"다음 주에 성남 수도 병원에 이송되고 아마도 그곳에서 전역을 하게 될 것 같습니다. 저는 대대 군종병으로 이재국 이병을 추천했습니다. 그간 함께 신앙생활을 하며, 누구보다 군종병으로 적합하다고 생각했기 때문입니다. 그런데 너무나도 아쉽게 이번에 상부에서 새 규정을 만들면서 일병 직급 이상의 병사만 군종병이 될 수 있다고 결정되었습니다."

나는 참지 못하고 화장실에 들어가 울었다. 그 눈물에는 여러 감정이 섞여 있었다. 첫째는, 군종병이 되지 못한 것이 마치 하나님께서 나를 목회의 자리로 부르실 계획이 없다는 거절처럼 느껴졌기 때문이다. 두 번째 이유는, 편지를 읽은 바로 다음 날이 내가 이등병에서 일병으로 진급하는 날이었기 때문이다. 며칠만 더 빨리 일병이 되었더라면 그 자격을 충족시킬 수 있었던 것이다. '하나님, 왜 그 며칠을 허락하지 않으셨나요?'라는 의문이 가슴을 답답하게 했다.

수년 동안 기도를 했던 목적은 단순한 바람의 충족이 아니라, 하나님의 뜻을 깨닫고 그 뜻에 응답하는 것이다. 나는 그 이후로도 계속 하나님께 나아가 기도했다. 그러면서 군종병이라는 자리를 가지는 것보다, 하나님을 향한 나의 헌신과 신뢰가 더 중요하다는 것을 깨달았다.

기도의 응답이 거절처럼 느껴질 때가 있다. 하지만 그 거절을 통해 하나님은 우리의 믿음을 단련하고, 우리의 시선을 더 깊이 하나님께 고정시키기를 바라신다. 성경 속 아브라함의 기도도 많은 인내와 기다림을 요구했다. 하나님께서는 그의 기도에 즉각적으로 응답하지 않으셨으나, 결국은 하나님의 때에 약속을 이루셨다.

나는 군종병이 되지는 못했지만, 여전히 후임병과 포상에서 예배를 드렸다. 그곳에서 하나님의 뜻을 더 깊이 묵상하고 그분과의 교제를 나누는 시간을 가졌다. 하나님은 나에게 큰 사인을 주시지 않았지만, 내게는 그분을 향한 순수한 예배와 기도가 가장 큰 사인이자 소명임을 알게 해 주셨다. 목적이 있는 기도는 기도의 응답만을 바라보는 것이 아니다. 기도 속에서 하나님을 예배하며 그분의 뜻을 발견하고, 그 뜻에 따라 살아가는 것이기도 하다.

아버지께 참되게 예배하는 자들은 영과 진리로 예배할 때가 오나니 곧 이때라. 아버지께서는 자기에게 이렇게 예배하는 자들을 찾으시느니라 _요 4:23

| 느그 아부지 뭐하시노? |

장마가 한창이던 2000년 8월 초, 보초 근무를 서던 중 갑작스러운 교대가 있었다. 예정된 시간보다 30분이나 일찍 교대자가 나와 내게 교대하라는 지시를 했다. 혼란스럽고 의아한 마음으로 내무실로 돌아가 보니, 내 짐이 이미 더블백에 모두 담겨 있었고 관물대는 텅 비어 있었다. 행정반 앞에는 내 짐이 실린 지프차가 기다리고 있었다. 영문도 모른 채 사단 본부 특별 처부로 전출이 된 것이었다.

차에 오르기 직전, 중대장님이 다가와 궁금한 듯 물으셨다.

"느그 아부지 뭐 하시노?"

도대체 나를 사단 본부 특별 처부로 옮긴 사람이 누구냐는 질문이었다. 중대장님은 과거에 이런 전출을 받은 병사가 한 명 있었는데, 그 병사의 작은아버지가 중장(쓰리 스타)이었다며 내게도 비슷한 이유가 있는 것인지 의문을 품으신 듯했다. 하지만 나는 전혀 이해할 수 없는 상황이었다. 그러던 중 속에서 나오는 혼잣말이 있었다.

"아! 우리 아버지, 하늘 아버지!"

그 순간 깨달았다. 때로는 하나님이 하시는 일을 다 이해할 수 없지만, 그분을 믿을 수 있다는 것이 신앙의 본질임을.

내가 있던 부대는 당시에 비포장도로와 일반인 출입이 제한된 지역에 위치해 있었다. 군인들 외에는 고라니와 멧돼지 같은 동물이 자주 보일 정도로 고립된 곳이었다. 반면, 전출된 사단 본부의 위병소를 지나가는 느낌은 마치 다른 나라에 온 듯했다. 4차선 도로와 야자수 같은 나무들, 부대 안의 아파트, 우체국, 큰 PX가 큰 도시처럼 보였다.

하지만 사단 본부가 아무리 좋아 보여도 내 목적은 더 좋은 곳으로 이동하는 것이 아니었다. 더 좋은 교회나 더 나은 시스템이 결코 최종 목적이 될 수 없었다. 오히려 아무것도 없는 환경 속에서 더 진실되게 하나님을 예배할 수 있었다.

나는 군 생활 중 목회자로서의 소명에 대해 하나님께 단 한 번만이라도 표적을 보여 달라고 어리숙한 기도를 드린 적이 있었다. 그런데 사단 교회에서의 섬김은 하나님께서 그 기도를 기억하시고 응답하신 놀라운 체험이었다. 하나님의 성전을 지키는 문지기가 되는 것도 기쁠 것 같다는 마음이 들었다.

더욱 놀라운 것은, 내 병적 기록 업무를 담당했던 병사(한제왕) 옆자리에 배치받았다는 사실이었다. 그에게 어떻게 내가 이곳에 오게 되었는지 물어보니, 1만 명의 병사 중에서 병적 기록부를 통해 1,000명, 100명, 그리고 최종 10명으로 추린 뒤, 제비뽑기로 결정되었다고 했다.

사단 본부에서 교회를 섬기게 된 결정적인 이유는 내 계급이 낮았기 때문이었다. 불과 한 달 전에는 낮은 계급 탓에 군종병이 될 자격을 얻지 못했지만, 이제는 그 계급 덕분에 교회를 섬길 기회가 주어졌다는 사실이 신비롭게 다가왔다.

군종병 자리를 놓치고 실망 속에서 보낸 한 달 동안, 자폐 증세가 있던 후임병과 함께 포상에서 매일 기도하고 예배드린 것 외에는 특별히 한 일이 없었다. 그러나 그 시간이 하나님의 인도하심 가운데 있었음을 깨닫게 되었다. 예배를 통해 나를 준비시키시고 하나님께서 나를 예배의 자리로 부르셨음을 분명히 느꼈다.

그 이후로 지금까지, 나는 어떤 일을 결정할 때 하나님의 사인이나 표적을 구체적으로 구하지 않는다. 하나님과의 대화 속에서 우리는 때로 응답을 기다리기보다는 그분의 인도하심을 신뢰하는 것이 중요함을 깨닫는다. 우리의 삶 속에서 하나님이 이루어 가시는 과정 하나하나가 모두 기도의 응답임을, 하나님의 일하심임을 이제는 확신한다.

시편 84편 10절은 "주의 궁정에서의 한 날이 다른 곳에서의 천

날보다 나은즉 악인의 장막에 사는 것보다 내 하나님의 성전 문지기로 있는 것이 좋사오니"라고 고백한다. 나 역시 그 고백처럼, 사단 본부 교회에서 문지기로서의 작은 섬김이라도 허락하신 하나님께 깊은 감사의 마음이 들었다.

우리는 흔히 기도의 응답을 외적인 성취나 이루어짐 속에서 찾으려 한다. 그러나 하나님께서는 우리가 기대하는 방식이 아니라 때로는 전혀 다른 모습으로, 전혀 예상하지 못한 곳에서 그분의 뜻을 이루어 가신다. 하나님과 함께하는 과정 그 자체가 우리에게 가장 소중한 기도의 응답임을, 그 속에서 하나님께 나아가는 것이 예배임을 다시 한번 깨닫게 되었다.

그 이후로 나는 하나님을 향한 예배와 섬김이 내 삶의 중심이 되었다. 신자가 가질 수 있는 가장 큰 무기는 언제나 하나님을 예배하는 그 마음임을, 그 예배가 내 삶 속에서 매일 이어지기를 소망하며 오늘도 나는 그분을 신뢰하는 것을 배운다.

> 주의 궁정에서의 한 날이 다른 곳에서의 천 날보다 나은즉 악인의 장막에 사는 것보다 내 하나님의 성전 문지기로 있는 것이 좋사오니 _시 84:10

| 믿음의 대장부 |

　군대에서 나의 가치관과 신앙관에 크게 영향을 주었던 두 가지 사건이 있었다. 그중 하나는 나와 가까운 동기의 탈영 사건이었다. 당시 우리는 이등병이었고, 동기들과 돌아가며 종종 포상 안쪽이나 창고 뒤에 모여 간식을 나누며 짧은 휴식을 즐기곤 했다. 그날도 저녁 식사 후, 한 동기와 포상 근처에서 빵과 음료수를 먹으며 담담하게 이야기를 나누고 있었다. 마침 저녁 7시가 되어 행정반의 타종 소리가 울렸고, 우리는 내무실로 돌아가 인원 점검을 받았다.

　그러나 인원을 확인하는 과정에서 조금 전 같이 있던 동기가 보이지 않았다. 모두들 단순히 화장실에 갔거나 잠깐 어디서 졸고 있는 것이겠거니 생각하며 큰 의심은 하지 않았다. 빵을 먹고 대화를 나눈 지 고작 10분밖에 지나지 않았으니 그렇게 짧은 시간에 무슨 일이 일어났으리라고는 상상조차 하지 못했다. 그러나 시간이 흐르면서 동기가 보이지 않는 상황은 점점 긴박해졌고, 결국 탈영했다는 것을 알게 되었다.

　놀라운 점은, 탈영 5분 전까지만 해도 아무렇지 않게 대화를 나누고 과자를 먹던 친구가 긴장한 내색 하나 없이 홀연히 사라졌다는 사실이었다. 마치 영화에서나 있을 법한 일이었다. 조금 뒤 사단 본부에서 신형 지프차가 도착해 부대 주변 산을 돌며 마이크로 방송을 했다.

"○○야, 우리 조금 전까지 같이 대화했잖아. 어떻게 된 거야? 지금 돌아오면 아무 일 없던 걸로 한다니까 빨리 내려와라! 산에서 밤을 새면 추워! 너희 엄마도 지금 오고 계셔. 제발 내려와!"

그의 어머니까지 오셔서 함께 마이크를 잡고 울먹이며 그의 이름을 불렀다. 하루가 지나 결국 그는 산속에서 내려왔고, 영창을 거쳐 다른 부대로 전출되었다. 약 6개월 후 사단 본부의 전체 종교행사에서 그 친구를 다시 마주쳤을 때, 나는 그를 멀리서 한눈에 알아볼 수 있었다. 다가가 그에게 당시 방송을 들었는지 물어보니, 산속에서 모든 방송을 듣고도 숨어 있었다고 답했다.

알고 보니 그는 복귀하면 다른 부대로 보내진다는 것을 미리 알고 더 편한 군 생활을 기대하며 탈영을 결심했던 것이다. 탈영병이라는 꼬리표는 싫지만 이전보다 몸이 아주 편하다고 하는 그의 말에, 탈영 후 돌아오기를 간절히 기다렸던 내 시간들이 다시금 떠올랐다. 그리고 신앙인의 자리에서 나는 누구인가를, 어떤 사람이어야 하는가를 깊이 고민하게 되었다.

군대에서 일어나는 탈영이나 자살과 같은 극단적인 선택이 가슴 아픈 이유는 그 결말이 개인과 가족의 아픔으로 남는다는 것이다. 하나님은 그 고난의 과정 속에서도 우리를 도우시며, 그 고난을 통해 새로운 인격과 성숙을 빚어 가신다. 성경은 우리에게 "모든 것이 합력하여 선을 이루느니라"(롬 8:28)라고 약속하신다. 하나님께서는 우리가 감당할 수 있는 시험만을 허락하신다. 그것은 단순히 고통을 주기 위함이 아니라, 그 안에서 주님을 더욱 의지하고 신뢰할 수 있도록 하시기 위함이다.

탈영 사건 이후 나는 내 신앙과 삶을 돌아보며 다짐했다. 다윗이 솔로몬에게 "힘써 대장부가 되라"라고 했듯, 나도 하나님 앞에서 믿음의 대장부로 서기를 결심했다. 그분을 따르며 어떤 고난과 유혹 속에서도 흔들리지 않고 신실하게 주님을 따르기로 다짐했다.

내가 이제 세상 모든 사람이 가는 길로 가게 되었노니 너는 힘써 대장부가 되고 네 하나님 여호와의 명령을 지켜 그 길로 행하여 그 법률과 계명과 율례와 증거를 모

세의 율법에 기록된 대로 지키라. 그리하면 네가 무엇을 하든지 어디로 가든지 형통할지라 _왕상 2:2-3

| 네 마음을 지키라 |

사단 본부로 전출을 받은 후, 비록 정식 군종병은 아니었지만 교회를 관리하고 보살피며 일하게 되었다. 새로운 환경이 주는 안락함이나 변화를 넘어, 무엇보다 하나님께서 내 삶에 깊이 개입하시고 인도하신다는 생각이 나를 감싸고 있었다. 하나님과 함께하는 매 순간이 내게 의미였고, 그것만으로도 이 환경은 은혜가 가득한 땅으로 느껴졌다.

어느덧 시간이 흘러 상병이 되었을 무렵, 헌병대를 지나가게 되었다. 그곳에서 예상치 못하게 영창 생활을 하고 있는 이전 부대의 동기들과 후임병들을 발견했다. 평소 성격이 온순하고 남에게 해를 끼치지 않던 이들이었기에, 그곳에 있는 모습이 매우 낯설고 안타까웠다. 알고 보니 그들은 순간적인 분노와 충동을 이기지 못해 후임들에게 가혹 행위를 하게 되었고, 그로 인해 영창에 들어가게 된 것이었다.

이 이야기는 단지 군대에서만의 문제가 아니다. 일상에서 우리는 각자의 삶에서 일어나는 도전과 유혹, 시련 속에서 마음을 단단히 지키는 법을 끊임없이 배워야 한다. 많은 사람들이 새로운 책임을 맡으며 처음에는 신념을 가지고 시작하지만, 환경의 압박과 주변의 영향력 아래 점차 흔들리기 쉽다. 나 역시 고참이 되면 좋은 선임이 되리라 다짐했지만, 실상 후임의 행동에 실망하거나 화를 내게 되는 순간이 많았다. '내가 군 생활할 땐 이렇게 하지 않았는데', '우리 때는 더 힘들었는데' 하는 생각이 불쑥불쑥 떠오르며 스스로도 예기치 못한 감정과 마주하게 된다.

이 일이 군대에서 나의 가치관과 신앙관에 크게 영향을 주었던 두 번째 사건이며, 사단 본부로 전출되지 않았다면 나도 이 부대에서 영창을 가게 되었을 것이다.

마음을 지키는 것은 종교적인 경건의 행위로 끝나지 않는다. 신학자들이 말하듯, 마음을 지킨다는 것은 자기 성찰을 넘어 매 순간 하나님을 바라보며 그분의 인도하심에 귀 기울이는 것이다. 하나님이 내게 주시는 뜻을 따르기 위해 내 마음의 상태를 점검하고, 필요할 때마다 다시금 하나님 앞에 내려놓는 것이다.

마음을 지키는 것이 곧 삶의 방향을 결정하는 일이다. 우리가 마주하는 모든 상황에서 마음을 지키는 것이야말로, 하나님께서 우리에게 주시는 첫 번째 사명임을 확신한다. 내 삶 속에서 하나님께서 나를 예비하신 이유가 무엇이든지 간에 나는 그분의 뜻을 따라 살아가야 하며, 마음을 단단히 지키는 것은 매우 중요하다. 하나님께서는 우리가 마음을 지킬 때, 생명의 근원이 우리를 통해 흐르게 하신다.

모든 지킬 만한 것 중에 더욱 네 마음을 지키라. 생명의 근원이 이에서 남이니라
_잠 4:23

| 상처와 치유 |

군대에서 부르심의 소명을 받았고 군 전역 후, 나는 신학의 길을 걷기로 결심했다. 그러나 서울로 떠나기 전 해결해야 할 일이 있었다. 그것은 어머니의 마음에 남아 있는 깊은 상처를 치유하는 일이었다. 아버지께서 젊은 시절 어머니에게 준 고통의 흔적들이 여전히 어머니의 마음속에 남아 있었다. 시간이 지나면서 아버지는 어머니를 과거처럼 심하게 대하지는 않으셨지만, 두 분 사이에 갈등

이 생길 때마다 어머니는 그때의 기억에서 벗어나지 못하고 과거의 고통을 다시금 되새기며 격하게 반응하셨다.

어릴 적, 아버지와 어머니 사이의 충돌을 지켜보던 나는 아버지의 폭력적 행동에 두려움을 느꼈다. 아버지의 발길질로 어머니가 배를 맞아 남동생이 팔삭둥이로 태어났던 기억, 어머니가 아버지에게 머리를 맞아 벽에 부딪치고 응급실에 실려 갔던 일들이 어린 나의 기억에 선명히 남아 있었다. 어머니의 상처는 내게도 깊은 아픔으로 자리 잡았고, 그 아픔은 내가 가족의 화합을 위해 어떤 결정을 내려야 하는지 더욱 분명하게 했다.

전역 후 어느 날, 부모님은 또다시 다투셨고 아버지는 화를 참지 못하고 어머니를 강하게 밀치셨다. 나는 견딜 수 없었다. 다음 날 저녁, 아버지와 단둘이 앉아 술을 올리며 진지하게 말씀드렸다.

"아버지, 저는 곧 서울로 떠나게 될 것 같습니다. 그런데 어머니가 마음에 걸리네요. 아버지와 어머니는 앞으로도 계속 싸우실 거고, 아버지는 또다시 화를 참지 못해 어머니께 힘을 쓸지도 모르겠습니다. 그래서 오늘 이 자리에서 두 분의 인연을 마무리해 주셨으면 합니다. 이

혼해 주세요. 농담 아닙니다. 오늘을 마지막이라고 생각해 주세요. 그동안 키워 주셔서 감사했습니다.''

아버지는 내 단호한 어조와 흔들림 없는 눈빛에서 살기를 느끼셨을 것이다. 엄했던 아버지께서도 내 강한 의사 표현 앞에서 약속을 하셨다. 다시는 어떠한 경우에도 어머니께 힘을 쓰지 않겠다고 하셨고, 그날 이후 어머니와의 언쟁은 있었지만 아버지는 20여 년 동안 단 한 번도 약속을 어기지 않으셨다.

사람은 육신의 부모로부터 받은 경험을 하나님 아버지의 성품과

혼동하기도 한다. 나는 어린 시절, 아버지가 어머니와 가족을 힘들게 한 모습에서 하나님 아버지에 대한 왜곡된 이미지를 떠올렸다. 아버지와의 관계 속에서 하나님 아버지에 대한 신뢰를 느끼기란 어려웠다. 복음이 우리의 삶을 새롭게 할 수 있다는 진리를 알면서도, 그 복음이 내 상처를 치유하고 내 삶에 진정한 변화를 가져다줄 수 있다는 확신을 갖기까지는 시간이 걸렸다. 하나님은 우리의 상처를 치유하시고 고치시는 분이다.

나 역시 복음의 은혜 아래 아버지 하나님에 대한 큰 사랑을 경험하지 못했다면 역시나 과거에 묶여 있었을 수도 있다. 이론이 아닌 겸손히 하나님 아버지께 삶을 있는 그대로 보일 때 지난날의 억울함은 그 사랑 안에서 보상될 것이다.

상심한 자들을 고치시며 그들의 상처를 싸매시는도다 _시 147:3

Story 03

토기장이의 손에서

Story 03
토기장이의 손에서

| 유일하게 기도할 수 있던 시간 |

　신학교에 입학한 날, 나는 어린 시절부터 꿈꾸던 그곳에 서 있는 내 모습을 보고 설렘과 기쁨을 감출 수 없었다. 신학교 캠퍼스는 독특한 생명력과 열정으로 가득했다. 잔디밭에 둘러앉아 기타를 치며 찬양하는 무리, 도서관에서 밤낮으로 책과 씨름하는 무리, 그리고 수업 사이 틈을 타 여유롭게 교정 밖으로 나가는 무리 등 크게 세 가지 모습으로 나뉘었다. 나는 첫 번째 무리에 속하고 싶었다. 찬양과 기도로 하루를 시작하며, 하나님의 임재 안에서 살아가는 학생이 되고 싶었다. 그러나 현실은 녹록지 않았다. 매일 밤 6시간씩 아르바이트를 해야 했던 나는, 하루 일과가 촘촘히 채워져 있었다.

그럼에도 불구하고 내 마음속에는 설명할 수 없는 기쁨이 자리 잡고 있었다. 이는 매일 새벽기도를 통해 경험한 은혜 때문이었다. 신학교 기숙사 지하 예배실에서 드리는 새벽예배는 단순히 하루의 시작이 아니라, 나를 하나님의 사랑 안으로 이끄는 깊은 시간이었다. 그 시간은 경쟁이나 목표를 위한 기도가 아니라, 그저 주님과 만나고자 하는 순수한 시간이었다. 매일 새벽, 주님의 은혜를 생각할 때마다 눈물을 흘렸다. 그것은 슬픔의 눈물이 아니었다. 나를 붙드시고 이끌어 주시는 하나님의 사랑에 대한 감사의 눈물이었다.

새벽기도에서 피아노 반주자들이 돌아가며 반주를 맡아 주었다. 그들은 자신들의 시간을 희생하며 기도의 자리를 섬겼고, 그들의 헌신 덕분에 내 마음은 깊은 평안과 위로로 채워졌다. 작은 사랑의 실천이었지만, 그것이 내게 준 은혜는 헤아릴 수 없었다. 이 경험을 통해 나는 헌신과 섬김의 의미를 깨달았다. 새벽예배 때 거의 매일 한 시간씩 울었던 것 같은데 피아노 반주자들 덕분에 나는 옆 사람을 신경 쓰지 않아도 되었다.

신학교 생활은 나를 뜻하지 않은 길로도 이끌었다. 오리엔테이션에서 과대표를 뽑아야 한다는 말에, 나는 스스로도 놀랄 만큼 자연스럽게 손을 들고 자원했다. 내성적이고 낯을 가리던 내가 과대표가 될 것이라고는 상상도 하지 못했지만, 그 역할은 나를 신학교 안에서 사람들과 더 가깝게 연결시켜 주었다. 작은 기도 모임을 계획하던 것이 나중에는 신입생 전체가 참여하는 큰 모임으로 발전했다. 기도 모임은 신입생들에게 영적인 활력을 제공했고, 수련회로까지 이어지며 예배와 찬양, 기도로 가득한 시간이 되었다.

기도 모임과 수련회에서 우리는 특별한 기도 제목을 세우기보다는 단순히 하나님께 감사하며 찬양했다. 우리의 기도는 단순했지만, 하나님 앞에서는 진실하고 뜨거운 시간이 되었다. 요한계시록 8장 4절 말씀처럼, 우리의 기도가 천사의 손을 통해 하나님께 올라간다는 믿음 속에서 우리는 마음껏 기도했다. 우리의 젊음과 열정은 하나님께 향연처럼 올라갔고, 그 기도는 나를 포함한 많은 이들에게 신앙의 깊은 뿌리가 되었다.

그 시절의 기도와 예배는 단순히 신앙의 표현을 넘어 내 삶의 뿌리가 되었다. 예배와 기도 모임을 통해 경험한 공동체의 사랑과 연대는 나의 신앙을 형성하는 중요한 요소가 되었다. 현대 철학자 찰스 테일러(Charles Taylor)는 "인간은 본질적으로 공동체적 존재"라고 말하며, 진정한 자아는 관계 속에서 형성된다고 주장했다. 기도 모임과 수련회에서의 경험은 단순히 나 혼자의 신앙을 넘어서, 공동체 안에서 함께 성장하는 신앙의 소중함을 깨닫게 해 주었다.

그 시절, 새벽마다 드렸던 작은 예배와 공동체 안에서의 기도는 단순히 하루를 시작하는 의식이 아니었다. 그것은 내 삶 전체를 하나님께 드리는 헌신의 시간이었다. 하나님 앞에 드린 그 작은 헌신들이 내 믿음의 여정을 지탱해 주는 커다란 힘이 되었다. 젊은 날 하나님께 드렸던 그 시간들이야말로, 오늘날 내 삶의 중심에 있는 은혜의 시간이었음을 고백한다. 하나님께 드리는 우리의 작은 예배와 헌신이 하나님께 올라가는 향연이 되기를 기도하며, 오늘도 나는 그 길을 계속 걷고자 한다.

향연이 성도의 기도와 함께 천사의 손으로부터 하나님 앞으로 올라가는지라
_계 8:4

| 때 늦은 기도 |

3학년이 되었을 때, 나는 총학생회장에 도전했다. 내성적이었지만 1학년 때 과대표를 맡으면서 얻은 자신감과 더불어 하나님께서 내게 허락하신 기회들을 통해 성장할 수 있었다. 회장이 되려는 이유는 두 가지였다. 하나는 부족한 나를 통해 하나님의 일을 하고 싶다는 마음이었고, 다른 하나는 학교를 다니기 위해 꼭 필요했던 장학금 때문이기도 했다. 현실적인 이유와 신앙적 열정이 어우러져 도전에 나선 것이다.

나는 단독 후보로 출마했기 때문에 선거 결과에 대해 크게 걱정하지 않았다. 규정상 투표 인원의 50% 이상이 투표에 참여하고 그중 3분의 2 이상이 찬성해야 당선될 수 있는데, 홍보 활동도 어색했고 단독 후보였으니 자연스럽게 당선될 거라는 안일한 마음으로 선거에 임했다.

하지만 예상치 못한 변수가 생겼다. 투표 종료 1시간을 남겨 둔 시점에 선거관리위원회에서 연락이 왔다. 투표율이 기준에 못 미쳐 회장이 될 수 없다는 소식이었다. 시계를 보니 오후 5시, 많은 학우가 이미 집에 돌아간 상황이었다. 나는 절실한 마음으로 투표할 학우를 찾아다니는 대신, 기숙사의 기도실로 발길을 돌렸다. 기도실에서 무릎을 꿇으며 하나님 앞에 내 마음의 민낯을 고백했다.

"하나님, 제가 기도로 준비하지 않은 교만을 용서해 주세요. 주님의 일을 한다면서도 정작 주님을 의지하지 않았습니다."

기도하지 않았던 내 모습을 깨달았고, 하나님의 일을 하면서도 내 힘으로만 모든 것을 하려 했던 교만함이 부끄러웠다. 결국 하나님께 나의 부족함을 맡기며, 결과에 연연하지 않고 겸허히 받아들이겠다고 다짐했다. 기도는 단순히 당선을 위한 도구가 아니라, 하나님과의 진실한 대화임을 그제야 깨달았다.

안 되더라도 겸허한 마음으로 받아들이자는 다짐을 한 후, 투표장에 들러 선거관리위원회에 감사 인사를 해야겠다는 마음으로 향했다. 그런데 기적처럼 오후 5시 40분에 끝난 수업에서 교수님이 학생들에게 투표 여부를 물으셨고, 그 수업에 참석했던 많은 학우가 투표장으로 발걸음을 옮겼다. 결과적으로 투표율은 50%를 간신히 넘었고, 찬성 2/3를 얻어 총학생회장이 될 수 있었다.

하나님께서는 그날 내게 겸손을 배우게 하셨다. 중요한 일을 준비하면서도 기도하지 않았던 나의 교만을 드러내셨고, 동시에 기도의 능력을 새롭게 깨닫게 하셨다. 기도는 단순히 우리의 필요를 채우기 위한 수단이 아니라, 하나님께 우리의 마음을 드리는 순간임을 배웠다. 예수님께서는 제자들에게 기도의 중요성을 강조하셨다. 마가복음 9장 29절에서 예수님은 "기도 외에 다른 것으로는 이런 종류가 나갈 수 없느니라"라고 말씀하셨다. 이는 기도가 단순히 문제를 해결하는 수단이 아니라, 하나님의 능력과 뜻을 구하는 필수적인 과정임을 보여 준다.

하나님은 우리의 필요를 아시면서도 우리가 기도하기를 원하신다. 기도는 그저 결과를 얻기 위한 수단이 아니다. 그것은 하나님과의 관계를 형성하고 유지하는 핵심적인 통로다. 나의 총학생회장 도전은 단순히 한 사람의 작은 선거 경험으로 끝나지 않았다. 그것은 기도 없는 열심이 얼마나 교만한 것인지 깨닫게 했고, 하나님 앞에서의 겸손과 의탁의 중요성을 배우게 한 사건이었다.

> 이르시되 기도 외에 다른 것으로는 이런 종류가 나갈 수 없느니라 하시니라
> _막 9:29

| 준비하시는 하나님 |

아내와 나는 성서대 동기였다. 나는 주간 신학부에, 아내는 야간 사회복지학부에 다니고 있었다. 서로 얼굴 정도는 아는 사이였지만 특별히 친하지는 않았다. 그러다 3학년에 올라가 나는 주간 총학생회장, 아내는 야간 부회장을 맡으며 비로소 가까워졌다. 그전에는 어떠한 일로 아내가 나보다 훨씬 나이가 많다고 오해해 편하게 장난을 치곤 했는데, 어느 날 회의 중에 아내의 실제 나이를 알게 되면서 나의 오해가 풀렸다. 나보다 겨우 한 살 많다는 사실에 적잖이 놀랐고, 집으로 돌아가는 길에 용기를 내어 아내에게 식사를 제안했다.

아내는 따뜻한 마음으로 주변 사람을 배려하고 힘든 이들을 품어주는 사람이었다. 그런 모습에 나도 자연스럽게 마음이 갔고, 우리의 관계는 조금씩 발전하기 시작했다. 하지만 나의 데이트 방식에는 한 가지 부족한 점이 있었다. 아내는 맛있는 음식을 먹고 영화를 보며 데이트다운 데이트를 즐기고 싶어 했지만, 나는 늘 하나님이 주신 비전과 은혜를 나누는 데 더 관심이 있었다. 나는 새우깡 한 봉지를 놓고 몇 시간씩 복음에 대하여 나눔을 하려고 했으니, 지금 생각하면 얼마나 진부한가? 시간이 흐르면서 차이가 느껴졌지만, 아무튼 함께 신앙과 삶의 가치를 이야기하며 교제할 수 있어 기뻤다.

교제 6개월쯤 되었을 때, 나는 아내에게 더 진지한 미래를 이야기하며 결혼을 제안했다. 그러나 아내는 어머니의 허락 없이는 더 깊은 관계로 나아갈 수 없다고 단호히 말했다. 당시 아내는 나와 헤어질 이유를 찾기 위해 내 사진을 어머니께 보여 드렸다고 고백했다. 아내는 어머니가 사진을 보고 반대하실 것을 기대하며 나름의 시도를 했지만, 하나님의 계획은 다르게 흘러갔다. 어머니는 만남을 허락하셨고 그로 인해 우리는 지금까지 함께하고 있다. 잠언 19장 21절은 이렇게 말한다.

> 사람의 마음에는 많은 계획이 있어도 오직 여호와의 뜻만이 완전히 서리라
> _잠 19:21

우리의 삶은 하나님께서 준비하시고 이끄시는 대로 이루어진다. 그분의 길은 우리의 계획보다 완전하다.

나는 신학대학원을 마친 후 결혼하려고 계획했지만, 하나님은 결혼과 학업을 동시에 준비하게 하셨다. 가진 돈은 70만 원이 전부였고, 준비할 시간과 자원이 턱없이 부족했다. 그러나 하나님께서 준비하신 길은 우리의 부족함 속에서도 완벽하게 이루어졌다. 결혼

을 2개월 만에 준비하며 상견례와 결혼식을 치러야 했던 긴박한 상황에서, 하나님의 은혜를 더욱 깊이 체험하게 되었다.

결혼 준비 중 500원짜리 동전보다 큰 원형 탈모를 발견한 사건은 당시의 스트레스를 보여 주는 상징적인 장면이었다. 이런 나에게 장모님은 "이러다가 사람 잡겠네! 너무 염려하지 말고 쉽게 가세"라고 말씀하시며 나를 위로하셨고, 그 이후로 결혼 준비는 이상할 정도로 순조로웠다. 이는 하나님께서 우리의 삶에 깊이 개입하셔서 하나하나 채워 가시는 과정임을 보여 주는 순간이었다.

결혼 준비 과정에서 깨달은 두 가지 사실이 있다. 하나는 하나님께서 우리 결혼을 자연스럽게 이끌어 가고 계시다는 것이었고, 다른 하나는 내가 가진 것이 아무것도 없다는 사실이었다. 이 부족함은 나를 겸손하게 했고, 하나님께 의지할 수밖에 없게 만들었다.

결혼을 앞두고 마음의 답답함을 느껴 골목에 주저앉아 있던 기억은 지금도 생생하다. 아내가 그 모습을 보고 나를 걱정했지만, 나로서는 단지 한숨 돌리고 싶었던 순간이었다. 준비가 불가능한 상황에서 하나씩 은혜로 채워지던 과정은 기억할수록 감사와 은혜로 가득하다. 나는 원형 탈모로 머리카락을 잃었지만, 아내를 얻었다.

| 익숙함의 위험 |

결혼 후 1년쯤 되었을 무렵, 우리는 새로운 생명의 소식을 들었다. 아내의 임신은 그 자체로 우리에게 축복이었고, 설렘과 기대로 가득한 시간이 시작되었다. 우리는 조심스럽고도 행복한 마음으로 아이의 탄생을 준비하며 매일 감사했다. 그러나 그 기쁨은 오래가지 못했다. 임신 4개월 즈음, 우리는 예기치 못한 비극과 마주했다. 아이가 며칠째 자라지 않았다는 의사의 말과 함께 심장 소리가 들리지 않는다는 진단, 그리고 마침내 입 밖으로 나온 "유산"이라는 확정적 단어.

그 순간, 나도 모르게 눈물이 쏟아졌다. 그것은 슬픔을 억누를 수 없는 본능적 반응이었다. 그러나 나의 아픔을 이해하지 못하는 의사의 말은 너무나 차가웠다.

"아버님, 왜 이렇게 우세요? 이렇게 많이 우는 남자는 처음 봅니다."

그 말은 마치 뾰쪽한 송곳으로 내 마음을 찌르는 듯했다. 어쩌면 그에게는 이 일이 일상적인 업무일지 모른다. 그의 전문성과 익숙함 속에서 이와 같은 상황은 반복되는 사건일 뿐일지도 모른다. 그러나 우리에게는 삶의 큰 고통이자 슬픔이었다. 사람마다 슬픔을 표현하는 방식은 다르겠지만, 그 한마디는 마음에 더욱 큰 아픔으로 남았다.

아내는 수술을 위해 차가운 수술대에 누워야 했다. 내 손이 닿을 수 없는 곳에서 그녀는 홀로 슬픔을 견뎌야 했다. 수술이 끝난 뒤, 의식이 돌아온 아내는 그 차가운 철제 침대 위에서 흐르는 눈물을 멈추지 못했다. 무엇보다도 나를 더욱 괴롭게 했던 것은, 그 순간 간호사들이 나누던 대화였다. 그들은 작은 유리병에 담긴 태아를 보며 몇 주인지 추측하고 있었다. 그 대화가 무심하게 흘러가는 동안, 내 가슴은 찢어질 듯 아팠다. 나에게 그 작은 존재는 숫자가 아니었다. 그것은 우리 가정에 허락되었던 하나님의 생명이며, 희망이었다.

그날은 공교롭게도 수요예배가 있는 날이었다. 아내를 병원에 두고 집으로 돌아와 옷을 갈아입고 예배를 드리러 가는 길 그 짧은 길이 마치 끝없이 이어지는 고통의 길처럼 느껴졌다. 버스 밖으로 맑은 하늘이 펼쳐져 있었지만, 내 창밖에는 계속 슬픔이 내렸다. 눈물이 쉼 없이 흘렀다. 혹여 다른 승객들이 내 울음을 눈치챌까 봐 창밖을 바라보며 애써 참아보려 했지만, 마음은 이미 산산이 부서져 있었다.

버스 안에서 나는 기도를 시작했다. 그 순간 내 마음에서 솟아오른 기도는 단순한 요청이 아니라, 깊은 결단이었다.

"하나님, 제가 앞으로 만나는 모든 사람의 아픔과 슬픔에 진심으로 공감할 수 있는 목회자가 되게 해 주십시오. 만일 긍휼한 마음이 없다면, 저에게 목회를 시작할 자격조차 주지 말아 주십시오."

그 기도는 그날 내 삶의 방향을 바꾸는 선언이었다. 내 슬픔은 단순히 나 자신을 위한 눈물이 아니었다. 그것은 내가 앞으로 살아가야 할 목회적 삶의 중심을 형성하는 시간이었다. 예수님께서 이 땅에 머리 둘 곳 없이 지내셨듯, 고통받는 이들과 함께하는 삶의 본질을 배우는 시간이 되었다.

의사와 간호사의 익숙함이 우리에게 얼마나 차가운 상처를 남겼는지를 깨닫는 순간, 나는 익숙함의 위험을 깊이 인식하게 되었다. 사람의 고통에 익숙해지고 무감각해지는 것은 인간성을 잃는 것이다. 목회자로서의 삶에서 그 위험을 경계해야 함을 절실히 느꼈다. 바울은 로마서에서 이렇게 말한다.

> 즐거워하는 자들과 함께 즐거워하고 우는 자들과 함께 울라 _롬 12:15

공감이 없는 삶은 메마르고, 사랑이 없는 공감은 공허하다. 목회는 단지 설교와 조직 운영이 아닌, 슬픔을 함께 짊어지고 기쁨을 나누는 것이다. 그날의 기도는 지금까지도 내 마음속 깊이 새겨져 있다. 우는 자들과 함께 울 수 있는 사람이 되기를 소망한다.

우리의 삶은 종종 비극과 고난으로 채워지지만, 그 속에서 하나님은 더 깊은 사랑과 이해의 길로 우리를 초대하신다. 익숙함에 빠져 타인의 고통을 지나치지 않고 그 고통 속에서 하나님의 손길을 함께 찾는 동반자가 되는 것, 그것이 내가 그날 버스에서 다짐했던 목회의 길이다.

| 필요를 가장 잘 아는 주님 |

첫 아이를 유산한 후, 내 마음에는 미안함과 죄책감이 한꺼번에 밀려왔다. 아내가 임신 중에도 출근을 계속해야 했고, 신학대학원 입학 시험 때문에 새벽까지 공부하던 내 습관이 그녀의 휴식을 방해해서 유산이 되었을 수도 있다는 생각까지 들었다. 태아에게 스트레스가 되었던 것은 아닐까 하는 별별 생각이 마음을 헤집었다.

시간이 흐르며 비로소 깨달았다. 그것이 우리의 잘못 때문만은 아니라는 사실을…. 그러나 그 깨달음에도 마음은 여전히 무거웠다. 무릎 꿇고 하나님께 나아가는 것만이 유일한 위로였다.

원룸에서 살았기에 밤 11시가 넘으면 모든 불을 끄고 창문 밖에서 들어오는 가로등 불빛에 의지해 나는 신대원 입시 공부를 했다. 몇 개월 동안 그렇게 공부했지만 근본 해결책은 될 수 없었다.

"하나님, 지금은 제가 공부해야 할 시기입니다. 하지만 아내와 곧 주실 아이에게도 편안한 환경이 필요합니다. 작더라도 공부할 수 있는 방과 누울 수 있는 방이 있는 집을 허락해 주세요."

다음 날, 나는 수유역 근처의 부동산을 찾아다녔다. 각 부동산 사무실에서 들려오는 대답은 비슷했다.

"작은 방이라도 좋습니다. 방이 두 개면 좋겠고, 깊은 지하만 아니면 됩니다."
"음… 예산에 맞는 집은 없습니다. 방 두 개짜리는 찾기 어렵습니다."

불가능하다는 말을 들을수록 이상하게도 내 마음속에 한 가지 확신이 차오르기 시작했다. 그것은 인간의 기대에서 비롯된 막연한 믿음이 아니라, 하나님께서 기뻐하시는 일이라는 점검 속에서 얻게 된 분명한 확신이었다.

집으로 돌아가던 길, 평소 잘 가지 않던 부동산 앞에서 걸음을 멈췄다. 유리창 너머로 "지상 2층, 방 2개"라고 적힌 종이가 눈에 들어왔다. 그런데 그 순간, 부동산 사장님이 나와 그 종이에 적힌 가격을 더 낮춰 수정하고 있었다. 이틀 동안 집을 찾아다니며 알게 된 사실은, 이 가격에 방 두 개짜리 집을 구하는 건 거의 불가능하다는 것이었다. 주저할 이유가 없었다. 아내에게 전화를 걸어 집을 계약할 수도 있다고 말하고, 곧장 방을 보러 들어갔다.

그 집은 1.5층에 자리하고 있었다. 다만 문이 잘 열리지 않아 집주인이 직접 열어 줘야 했다. 부동산 사장님은 "문이 잘 열리지 않아 보러 온 사람들이 모두 포기하고 돌아갔다"라고 말했다. 문이 열리지 않아 방을 볼 기회를 얻지 못한 사람들의 이야기를 들으며 묘한 기분이 들었다. 마침내 문을 열고 들어간 방은 작았지만, 내게는 딱 맞는 공간이었다. 작은 방에 들어가 대각선으로 누우면 다리를 펼 수 있을 정도였다. 키가 170cm가 안 되는 것이 처음으로 감사하게 느껴졌다. 하나님께서는 정말 우리의 필요를 가장 잘 아시는 분이라는 확신이 들었다. 집에 돌아와 장인어른께 전화를 드렸다. 대략적인 집의 위치를 설명드리자 장인어른이 물으셨다.

"혹시 그 집, 문이 잘 안 열리던가?"

그렇다고 대답하니 장인어른께서는 자신도 그 집을 보러 갔다가 문이 열리지 않아 돌아왔던 집이라고 하셨다. 하나님의 계획은 우리의 기대와 달랐다. 그 집은 문이 열리지 않아 오랜 시간 계약이 되지 않았고, 결국 집주인은 가격을 500만 원 더 내렸다. 그 덕분에 우리는 무리 없이 그 집을 계약할 수 있었다. 나는 그 순간 깊은 깨달음에 사로잡혔다.

기도를 할 때 얼마나 열심히 할지, 어떻게 기도할지를 고민하기 전에 왜 기도하는지를 돌아보는 것이 중요하다는 것이다. 정욕을 따라 기도하는 것이 아니라 마음 깊은 곳에서 예수님과 교제하며 드리는 기도라면, 응답의 시기와 방식은 하나님께서 가장 선한 길로 이루어 주신다는 확신이 들었다. 빌립보서 4장 19절은 이렇게 말한다.

> 나의 하나님이 그리스도 예수 안에서 영광 가운데 그 풍성한 대로 너희 모든 쓸 것을 채우시리라 _빌 4:19

그 집은 단순히 우리 가족의 필요를 채운 물리적 공간 그 이상이었다. 그것은 하나님의 섬세하심과 공급하심을 배운 자리였다. 우리는 작은방과 큰방에서 각자의 자리를 찾아가며 다시 평안을 회복했다. 하나님께서는 우리의 기도를 듣고 응답하시되, 우리의 필요를 누구보다도 더 잘 아시는 분이셨다.

하나님은 우리의 모든 쓸 것을 채우시되, 우리가 예상치 못한 방식으로 가장 정확한 시간에 응답하신다. 그분의 손길은 언제나 우리 삶의 작은 필요에서부터 가장 깊은 영혼의 갈망까지 닿아 있다. 답의 여부는 그렇게 중요하지 않다. 하나님은 우리의 필요를 누구보다 잘 아시기 때문이다.

| 지구 방위대와 떡볶이 |

중고등부 사역을 하던 시절, 설교 중에 아이들에게 이런 이야기를 한 적이 있다.

"여러분이 만약 실수로 잘못을 저질러 경찰서에 가게 됐다면, 경찰서에서 반드시 부모님을 모시고 오라고 할 겁니다. 아무리 빌며, '잘못했습니다. 제가 대가를 받겠습니다'라고 해도 해결되지 않죠. 여러분은 아직 미성년자니까요. 그런데 만약 정말 실수였고 진심으로 뉘우치는 마음이 있지만 부모님께 말씀드리기가 너무 어렵다면 전도사님에게 전화하세요. 전도사님이 바로 달려가겠습니다!"

그 말을 한 지 일주일이 채 지나지 않아, 지인 목사님과 식사를 하던 중 전화 한 통이 걸려 왔다.

"전도사님, 저 K예요."
"그래, 무슨 일이니?"
"제가 지금 지구대에 있어요. 혹시 와 주실 수 있으세요?"
"그래, 알았어. 바로 갈게!"

밥을 급히 먹고 지구대로 달려갔다. 이야기를 들어 보니 K는 친구들과 놀다가 자전거를 훔치는 다른 아이들을 우연히 따라갔고, 결국 같은 자리에서 경찰에 잡힌 것이었다. 죄질이 경미하고 초범이었기에 경찰은 각서를 쓰게 하고 훈방 조치로 끝냈다. 문제는, 사건 처리 시간이 저녁 늦게까지 이어지면서 아이들이 저녁을 먹지 못했다는 것이었다.

저녁 9시가 넘은 시각, 나는 그들을 근처 분식집으로 데리고 갔다. 떡볶이와 순대를 시키고, 그들과 마주 앉아 식사를 시작했다. 떡볶이를 먹으며 나는 아이들에게 길게 훈계하지 않았다. 이미 그들은 자신의 행동을 깊이 뉘우치고 있었기 때문이다. 나는 그저 짧게 말했다.

"오늘은 전도사님이 왔지만, 다음에는 꼭 부모님이 오셔야 할 거다. 명심해! 무슨 말인지 알지?"

그 한마디만으로도 충분했다. 아이들은 고개를 끄덕였고, 식사를 마친 후 집으로 돌려보냈다. 떡볶이를 먹으며 나는 그 짧은 순간은 단순히 허기를 채운 식사가 아니라, 위로와 사랑으로 덮는 자리였다.

그리고 놀랍게도, 그 사건 이후 예배 시간에 조금 껄렁대던 친구들의 태도가 눈에 띄게 변하기 시작했다. 그들의 집중력은 전보다 훨씬 좋아졌고, 몇 달이 지나지 않아 그들이 전도한 친구들로 예배실이 가득 차게 되었다. 사랑으로 품은 작은 행동이 하나님의 은혜 안에서 어떤 열매를 맺을 수 있는지를 배우는 시간이었다.

그 교회를 떠난 후 몇 년이 지나 길을 걷는데, 10미터 앞에서 어느 한 청년이 나를 가만히 쳐다 보더니, 갑자기 달려와 내게 덥석 안기는 것이 아닌가.

"전도사님!"

놀란 채로 고개를 들어 보니, 그 청년은 다름 아닌 그날의 K군이었다. 가죽 점퍼를 걸친 모습이 이제는 어엿한 청년으로 성장했음을 보여 주고 있었다.

"아! K구나. 잘 지내니?"
"네, 전도사님 덕분에 잘 지내고 있어요."

길가에서의 짧은 인사였다. 그의 옆에는 어머니도 함께 계셨다. 그 순간 나는 떡볶이 가게에서 마주했던 K의 풀이 죽은 얼굴이 떠올랐다. 그리고 깨달았다. 살아가다 보면 누구나 실수를 한다. 그러나 그 실수 앞에서 책망보다 더 강력한 치유의 도구는 사랑이다. 때로는 밥 한 끼를 나누는 것이 최고의 책망이며 동시에 최고의 위로일 수 있다. 사도 베드로는 이렇게 말했다.

> 무엇보다도 뜨겁게 서로 사랑할지니 사랑은 허다한 죄를 덮느니라 _벧전 4:8

사랑은 정죄하지 않는다. 사랑은 허다한 죄를 덮는다. 사랑은 잘못된 행동을 묵인하지 않지만, 그 잘못을 넘어 더 나은 사람이 될 기회를 허락한다. 예수님께서 베드로에게 하셨던 것처럼, 우리는 실수를 만날 때 정죄가 아닌 용서와 회복을 선택해야 한다.

그날 나는 떡볶이 한 접시로 아이들의 실수를 덮는 사랑의 작은 씨앗을 심었다. 그리고 그 씨앗은 몇 년이 지나 어엿한 청년의 따뜻한 품으로 돌아왔다. 사랑은 흩어지는 것이 아니라, 하나님 안에서 자라 다시 돌아오는 것이다. 그날 지구대와 떡볶이 가게에서의 작은 사랑은 그들의 삶에 하나님의 은혜를 새기고 있었다.

| 은혜도 은사도 아닌 마술 |

전도사로 사역하던 시절, 나는 교회에서 새가족을 초청해 친교를 나누는 프로그램을 운영했다. 이 프로그램은 교회에 처음 나오는 사람들이 부담을 느끼지 않도록 찬양 대신 건전가요를 부르고, 식사와 담소를 나누는 형태로 구성되었다. 8주 동안 진행되는 프로그램의 마지막 날은 영성 수련회로 마무리되었다. 그 수련회에서는 특별한 기적을 통해 예수를 믿게 한다는 프로그램이 포함되어 있었다. 대표적인 체험으로는 팔이 길어지거나, 치아가 아말감에서 금니로 바뀌는 일 등이 있었다. 사람들은 그러한 현상을 보며 하나님의 능력을 느끼고 믿음을 갖게 된다고 설명했다.

어느 날, 이 세미나의 대표 목사님이 우리 지역에서 대규모 집회를 열었다. 500명이 넘는 목회자와 교회 리더들이 모였고, 집회는 뜨거운 열기로 가득 찼다. 모두가 기대 속에서 팔이 길어지거나 금니로 바뀌는 기적을 체험하기를 간절히 기도했다. 나 또한 기적을 원하는 마음으로 그들과 함께 기도했다.

"하나님, 만일 예수를 처음 믿는 이들에게 이러한 기적이 필요하다면 저도 의심하지 않고 기적을 받아들이겠습니다. 오늘 이 기적이 제게도 임하게 해 주세요."

그러나 기도가 끝난 후, 모인 사람 중 누구에게도 그런 기적은 일어나지 않았다. 집회 인도자는 의심하는 사람이 많아 기적이 나타나지 않았다고 설명했다. 그러나 나는 기적이 나타나지 않은 이유가 단순히 믿음 부족 때문만은 아닐 것이라는 생각이 들었다. 집회가 끝날 무렵, 나는 하나님께 간절히 기도드렸다.

"하나님, 정말 저의 믿음이 부족해서 이런 기적이 나타나지 않은 걸까요? 아니면 이러한 기적이 하나님께서 원하시는 방식이 아니었을까요?"

나는 기적 자체를 부정하지는 않는다. 성경에는 분명히 하나님의 놀라운 기적이 기록되어 있다. 그러나 기적을 인간의 의지로 조정하거나 원하는 때에 끌어낼 수 있다는 생각은 위험하다는 것을 깨달았다. 기적은 인간의 계획이나 의도로 만들어질 수 없다. 기적은 전적으로 하나님의 주권 아래에서 그분의 선하신 뜻을 이루기 위해 주어진다. 그러나 집회의 분위기 속에서 기적은 은혜와 은사를 넘어 마술처럼 취급되고 있었다.

기적은 언제나 하나님의 영광을 나타내기 위해 주어진다. 성경에서 예수님께서 행하신 기적들은 단순히 사람들의 요구를 충족시키는 것이 아니라, 하나님의 나라와 그분의 능력을 드러내는 데 목적이 있었다. 그러나 인간 중심적으로 기적을 바라보면, 그것은 신앙의 초점이 하나님이 아니라 현상에 맞춰지는 위험을 초래한다. 기적을 마치 사람의 신앙을 증명하거나 강화하기 위한 수단으로 생각한다면, 그것은 하나님의 뜻을 왜곡하는 일이 될 것이다.

사도행전 19장에서, 에베소에서 마술을 행하던 사람들이 회개하고 마술 책을 불태우는 장면이 나온다. 그들의 마술은 인간의 욕망과 통제의 도구였지만, 복음을 받아들인 후 그들은 자신의 과거를 청산하며 하나님의 말씀을 중심에 두었다.

> 이와 같이 주의 말씀이 힘이 있어 흥왕하여 세력을 얻으니라 _행 19:20

하나님의 말씀은 인간의 능력을 초월하며, 우리가 의지해야 할 유일한 기준이다. 내가 기적을 원했던 이유는 단순했다. 하나님의 능력을 경험하고, 사람들에게 그 능력을 증거하고 싶었기 때문이다. 그러나 하나님께서는 기적보다 더 깊은 깨달음을 주셨다. 기적이 우리의 신앙의 기초가 될 수 없으며, 신앙의 중심은 언제나 하나님의 말씀과 주님과의 관계에서 비롯된다. 우리는 하나님의 말씀 속에서 그분의 뜻을 찾고, 성령님의 인도하심을 따라 그 뜻을 이루어 가야 한다. 그렇게 하지 않으면 우리의 신앙은 초자연적 현상에만 의존하는 마술 같은 신앙으로 전락할 수 있다.

Story 04

오직 그분께서 일하신다

Story 04
오직 그분께서 일하신다

| 두려움 없는 사랑 |

결혼 후 신학대학원에 입학하기 위해 준비했지만, 첫 도전에서 낙방했다. 기대했기에 실패는 내게 큰 충격이었다. 그러나 곧 낙담을 딛고 일어나 다시 1년을 더 준비하기로 했다. 이번에는 단지 열심히 공부하는 것만으로는 부족하다는 것을 깨달았다. 기도와 영적 준비가 부족했던 지난 시간을 돌아보며, 무엇보다 기도를 삶의 중심에 두기로 결심했다.

그 후 1년 동안 나는 기도와 공부라는 두 가지 축을 중심으로 살아갔다. 주말에는 교회 사역에 집중하고, 평일에는 오전 11시부터 새벽 5시까지 공부하며, 하루 중 가장 소중한 시간인 새벽예배와 저녁 시간을 온전히 기도의 시간으로 삼았다. 이 기간 동안 내게는 단순히 학문적 지식이 쌓이는 것이 아니라, 영적인 깊이가 더해졌다.

시험을 하루 앞두고 총신대학원이 있는 양지로 내려가 이인욱 학부 선배와 우연히 만났다. 긴장감 속에서 대화를 나누던 선배는 내게 긴장을 풀기 위해 성경 본문 문제를 내겠다고 했다. 수첩을 꺼내 한 구절씩 내게 물었고, 나는 감사하게도 50구절 이상 되는 서신서의 말씀의 출처를 다 맞힐 수 있었다. 2년의 시간이 헛되지는 않았구나 생각했다. 그러나 유일하게 알지 못한 한 구절이 있었다.

> 사랑 안에 두려움이 없고 온전한 사랑이 두려움을 내쫓나니 두려움에는 형벌이 있음이라. 두려워하는 자는 사랑 안에서 온전히 이루지 못하였느니라 _요일 4:18

그 구절은 이상하게 내 마음속 깊은 곳을 건드렸다. 그날 밤 나는 기도하면서 이 말씀을 붙들었다. 시험에 대한 두려움이 없다고는 할 수 없었다. 하지만 그 두려움은 시험 자체보다 나의 신앙의 부족함에 대한 것이었다. 기도 중에 나는 하나님께 이렇게 고백했다.

"하나님, 지금 제 마음이 두렵습니다. 합격 여부가 아닌 오직 하나님의 온전한 사랑으로 제 마음을 채워 주시길 소망합니다.”

그 순간 내 안에 설명할 수 없는 평안이 찾아왔다. 합격 여부에 대한 걱정보다, 결과와 상관없이 하나님 안에서 온전히 살겠다는 고백이 내 안에 뿌리내렸다. 시험 당일, 문제들은 예상보다 쉽게 풀렸다. 모르는 문제는 단 한 문제였다.

"다음 중 요한일서 3장에 나오지 않는 말씀은 무엇인가?"

보기로 주어진 세 구절 중 유일하게 확실히 알 수 있는 것이 있었다. 바로 전날 알지 못했던 그 말씀, 요한1서 4장 18절이었다. 시험을 마치고 화장실에서 눈물을 쏟았다. 합격 여부를 떠나 지난 2년간의 모든 시간이 주마등처럼 스쳐 지나갔다. 하나님은 내게 결과를 뛰어넘는 신뢰와 평안을 가르쳐 주셨다. 결과보다 중요한 것은 내가 걸어온 믿음의 여정이라는 사실을 깨달았다.

며칠 후, 인터넷으로 합격 소식을 확인했다. 그날의 기쁨은 이루 말할 수 없었다. 그러나 하나님의 은혜는 여기서 멈추지 않았다.

| 틈입하시는 하나님 |

합격을 축하해 주는 동기, 후배들과의 식사 자리 중에 한 통의 전화가 걸려 왔다.

"안녕하세요. 총신 신학대학원 입학처입니다. 이재국 전도사님이신가요?"

순간 합격이 취소된 것은 아닌지 걱정이 스쳐 갔지만, 침착하게 대답했다.

"네, 제가 이재국입니다."

전화기 너머의 목소리는 뜻밖의 소식을 전했다.

"이번에 총장님이 취임하시면서 부문별 장학생 제도가 처음 생겼습니다. 전도사님께서 1700여 명 중 성경 부분에서 전체 수석을 차지하셔서 연락드렸습니다. 장학금이 지급될 예정입니다."

그 순간 함께 있던 동기와 후배들은 감탄하며 자신들도 성경 공부를 열심히 하겠다고 했다. 하나님께서 내 두려움을 평안으로 바꾸시고, 모든 것을 선하게 이끄시는 것을 다시 한번 깨닫는 순간이었다.

요한1서 4장 18절의 말씀은 단순한 성경 구절이 아니라, 내 삶의 고백이 되었다. 두려움 없는 사랑이란 우리의 상황과 결과에 상관없이 하나님의 신실하심을 신뢰하는 마음에서 나온다. 두려움은 우리를 묶지만, 하나님의 사랑은 우리를 자유롭게 한다.

결과가 어떻든 우리의 사명은 변하지 않는다. 하나님께서 나의 삶을 향한 계획을 이루어 가신다는 사실만으로도 충분하다. 내가 할 수 있는 것은 그저 주님의 사랑을 붙잡고 그분의 인도하심을 따라가는 것이다. 오늘도 나는 두려움 없는 사랑을 붙들고 걸어간다.

사랑 안에 두려움이 없고 온전한 사랑이 두려움을 내쫓나니 _요일 4:18

이 말씀은 내가 두려움에서 평안으로 나아가게 한 길이었고, 앞으로도 그 사랑이 나를 이끌어 갈 것이다.

학창 시절에 나는 평범한 학생이었다. 성적은 내내 중간 정도였고, 특별히 잘하는 것이 없었다. 하지만 예수님을 만난 후, 나는 변화를 경험했다. 비록 공부 방법은 여전히 서툴렀지만, 삶의 중심에 말씀이 자리 잡으면서 내게도 꿈이 생겼다. 그것은 하나님의 말씀을 깊이 알고, 다른 이들에게도 성경을 보다 쉽게 전하는 사람이 되는 것이었다.

그 꿈은 처음에는 막연하기만 했다. 당시에 내 좁은 생각으로는 성경을 가르치는 길이 오직 교수가 되는 것뿐이라 여겼다. 그러나 내 현실은 그 꿈과 너무 멀게 느껴졌다. 나는 결코 학문적으로 뛰어나지도 않았고, 세상 기준으로 보자면 특별한 재능도 없는 사람이었기 때문이다. 하지만 하나님은 나의 한계를 뛰어넘으시는 분이셨다. 하나님은 내가 상상조차 하지 못했던 방식으로 내 삶에 틈입(闖入)하셨다.

하나님은 나를 전혀 예상하지 못한 방법으로 이끄셨다. 성경 장학생이 된 것은 철저하게 은혜였고 소문이 퍼지면서 부족하지만 말씀을 가르칠 기회가 주어졌다. 나는 매주 월요일 한국성서대에서 약 20~30명의 사람들과 3시간 동안 성경을 연구해서 나누는 일을 시작하게 되었다. 점심으로 삼각김밥을 간단히 먹고, 노원에서 강남으로 이동해 또 다른 15명과 성경 공부를 이어갔다. 그렇게 매주 말씀과 씨름하며 사람들과 교제하는 삶이 이어졌다.

그렇게 15년을 달려왔다. 그동안 내가 만난 사람들은 500명을 훌쩍 넘었고, 그들은 각자의 자리에서 하나님의 말씀을 붙들고 살아가고 있다. 이 모든 일이 가능한 이유는 오직 하나님의 은혜였다. 내가 가진 능력으로는 설명할 수 없는 일이었기 때문이다. 하나님은 나의 좁은 생각을 깨뜨리시고, 그분의 방식으로 길을 열어 주셨다. 나는 그분의 계획 안에서 단지 하나의 도구로 쓰임 받았을 뿐이었다.

오늘도 나는 성경을 통해 나 자신과 다른 이들에게 하나님의 소망을 전하려 노력한다. 두려움은 여전히 찾아오지만, 하나님의 사랑은 그 두려움을 몰아내고 평안과 용기를 채워 주신다. 우리는 종종 자신의 한계를 보고 낙담하지만, 하나님은 우리의 약함 속에서도 능히 일하시는 분이다. 그분은 우리가 미처 알지 못하는 순간에도 우리의 삶에 틈입하시어 불가능을 가능으로, 두려움을 소망으로 바꾸신다.

최고의 소명 – 영원한 기쁨

"소명을 받았습니까?"

신학교 면접에서 반드시 묻는 질문인데 단순한 확인 차원의 질문이 아니었다. 이는 신학의 길을 걷고자 하는 자에게, 그 길이 단지 지적 탐구나 개인적 욕망이 아니라 하나님으로부터 온 부르심이라는 확신을 요구하는 것이었다. 이 질문은 내가 신학교 입학을 준비하던 시절, 오랜 시간 고민과 기도의 자리에 머무르게 한 물음이었다.

당시 내게 소명이라는 단어는 다소 무겁고 어렵게 느껴졌다. 주변에서 들은 이야기들처럼 어릴 적 부모님이 서원 기도를 했거나, 신비한 체험을 통해 강력히 인도하신 경우를 소명이라 여겼다. 그러나 나에게는 그런 특별한 순간이 없었다. 그래서 진리와 복음에 대한 갈망은 있었지만, 소명을 확신하지 못했다. 내 안에 불타오르는 열망조차 어디론가 흘려보내야 할 무모한 꿈이라고 여겼다.

그런 내게 하나님께서는 말씀으로 응답해 주셨다. 어느 날 말씀을 읽다가 요한3서 3-4절이 내 마음을 흔들었다.

> 형제들이 와서 네게 있는 진리를 증언하되 네가 진리 안에서 행한다 하니 내가 심히 기뻐하노라. 내가 내 자녀들이 진리 안에서 행한다 함을 듣는 것보다 더 기쁜 일이 없도다 _요삼 3-4

이 말씀은 마치 내게 직접 말씀하시는 하나님의 음성과도 같았다. 하나님께서는 내가 진리 안에서 행하는 것을 기뻐하신다는 확신이 내 안에 자리 잡았다. 진리 안에서 걷고자 하는 나의 소망은 헛된 것이 아니었다. 그것은 하나님께서 축복하시고 기뻐하시는 길이었다. 그 말씀을 통해 나는 주저하지 않고 신학대학원 준비를 결심할 수 있었다. 짧은 인생의 여정 속에서 진리 안에 거하는 것이 나의 기쁨이었고, 소명의 시작이 되었던 것이다.

신학대학원에 입학하기 위한 과정 중 가장 중요한 절차는 바로 면접이었다. 단순히 실력만을 평가하지 않는 신학대학원의 면접은 지원자의 영성, 인성, 그리고 분명한 소명 의식을 확인하는 자리였다. 그래서 어떤 때에는 이틀 동안 심층적인 질문과 상황별 대처를 보기도 했다. 즉, 불편하고 날카로운 질문들을 통해 지원자의 내면과 태도를 살펴보는 과정이었다.

면접을 준비하며 나는 하나님께서 내게 주신 확신을 붙들고 기도로 준비했다. 그러나 면접 전날, 예기치 못한 일이 연달아 일어나며 나를 시험대에 올려놓았다.

면접 이틀 전, 면접 장소로 가는 스쿨버스의 시간표를 확인하고 기사님과 통화도 하였다. 하지만 면접 당일 새벽, 약속된 장소에서 기다리던 스쿨버스는 오지 않았다. 기사님께 다시 전화를 드리니, 죄송하다며 어제 확인한 노선이 변경된 오래된 노선이었다고 하시며 잘못 말했다고 하였다. 시간이 촉박해진 나는 서둘러 택시를 잡아 서울 미아역에서 신학대학원(경기도 양지)으로 향했다.

택시 기사님은 8시 면접 시간까지 충분히 도착할 수 있을 것이라고 했고, 나는 한숨 돌릴 수 있었다. 하지만 도중에 뭔가 이상한 기운이 느껴졌다. 예상치 못하게 길을 헤매셨고, 출근 시간 교통 체증에 갇혀서 기사님은 "다른 택시로 갈아타시는 게 좋겠습니다"라며 급히 다른 택시를 잡아주었다. 마음은 복잡했지만, 기사님도 의도하지 않은 일이었으니 화를 낼 이유는 없다고 생각하며 "좋은 하루 되세요."라고 인사를 건네며 택시를 옮겨 탔다.

새 택시 기사님은 최선을 다해 달려 주겠지만 막히는 시간에 20분 만에 가는 것은 불가능하다고 말하였다. 2년 동안 준비했던 모든 시간이 수포로 돌아갈 수도 있는 시점이었다. 이렇게 긴장한 적은 살면서 없었던 것 같다.

다행히 정말 기적적으로 8시 정각에 면접장에 도착할 수 있었다. 신속히 면접장으로 들어가 두 명의 면접관 앞에 섰다. 그중 한 분인 유재원 교수님이 나를 주의 깊게 바라보며 물었다.

"만약 억울한 일을 겪게 된다면, 전도사님은 어떻게 하겠습니까? 어떻게 분노를 다스리나요? 실제 경험을 예로 들어 설명해 보세요."

불과 한 시간 전에 겪은 일을 이야기했다. 스쿨버스 기사님의 실수와 택시 기사님의 길 찾기 실패로 인해 면접에 늦을 뻔했지만 화를 낸다고 상황이 나아지지 않을 것을 알기에 감사의 인사만 건네고 넘어갔다고 설명했다. 두 면접관은 서로의 얼굴을 마주 보고 고개를 끄덕이며 "목회할 때 그런 억울한 일이 더 많을 겁니다. 지금처럼 하시면 됩니다"라고 하면서 더 질문하지 않으셨다.

그 순간, 하나님께서 내 모든 상황을 알고 계셨으며 그 가운데서 나를 연단하고 계심을 느꼈다. 불과 한 시간 전만 해도 '왜 이런 일이 나에게 생기는가?' 하는 의문이 들었지만, 이제는 '아, 하나님께서 이렇게 일하시는구나'라는 감사로 마음이 바뀌었다. 사람의 마음은 이렇게 간사하다.

학교 방침에 따라, 당시 면접의 중요성은 시험보다 더 큰 무게감을 지니고 있었다. 한 달을 면접 준비에 할애해도, 일부 교수님들은 일부러 난감한 질문을 던지곤 했다. 어떤 해에는 심층 면접으로 2박 3일 동안 합숙하며 신학생의 소양을 확인하는 면접이 진행되기도 했다.

나는 그날 면접에서 소명은 단지 특별한 체험이나 외적 부름에서 시작되는 것이 아님을 배웠다. 소명은 삶 속에서 하나님을 신뢰하며 그분의 진리 안에 거하는 걸음걸이 그 자체에서 시작된다. 하나님께서는 내가 진리 안에 거하려는 마음을 기뻐하시며, 그 길을 축복해 주신다. 그리고 나는 여전히 믿는다. 하나님께서 부르시는 길은 그 자체로 완전하며, 어떤 돌발 상황 속에서도 주님의 손길이 함께하신다는 것을.

시멘트 바닥에 엎드리다

첫아이를 유산으로 떠나보낸 후, 마음을 다잡고 다시 아기를 기다리며 기도한 지 1년 만에 우리에게 새 생명이 찾아왔다. 임신 소식은 우리 가정에 주어진 하나님의 축복이었다. 그러나 기쁨도 잠시, 예상했던 출산일이 지나도록 아이는 세상에 나올 기미를 보이지 않았다. 예정일을 넘긴 날들이 쌓여가면서 불안감도 함께 커져갔다. 출산 예정일을 8일이나 넘긴 시점에서, 의사는 유도 분만을 권유했다.

아침 7시에 시작된 유도 분만은 점점 시간이 흐르면서 초조한 기다림과 불안 속에서 우리를 시험했다. 5시간, 10시간, 15시간, 그리고 새벽 3시가 되었을 때도 아이는 여전히 세상 밖으로 나올 준비를 하지 않고 있었다. 같은 공간에 있던 다른 산모들이 하나둘씩 출산을 마치고 나가는 모습을 바라보며, 심지어 우리보다 늦게 온 산모들이 차례차례 아이를 안고 기뻐하는 모습을 보며 내 마음은 어지러웠다.

"하나님, 왜 우리만 이렇게 힘들게 하십니까? 다들 쉽게 아기를 안는데 왜 우리만 이렇게 어렵게 하시는 겁니까?"

마음 깊은 곳에서 원망이 터져 나왔다. 26시간이 지나면서 아내는 완전히 지쳐 있었고, 의사는 더 이상 자연 분만은 어렵겠다며 제왕절개를 권유했다. 나는 의사에게 30분만 시간을 달라고 요청했다. 그리고 그 30분 동안 하나님 앞에 엎드렸다.

차가운 시멘트 바닥 위에서 무릎을 꿇고 얼굴을 땅에 대고 기도하기 시작했다.

"하나님, 저는 목회자입니다. 한 영혼이 얼마나 소중한지 알아야 하는 사람입니다. 아빠가 된다는 것이 얼마나 큰 축복인지 알아야 하는 사람입니다. 그런데 저는 아무런 준비도 없이, 진심으로 기도하지도 않은 채 10개월을 보냈습니다. 준비되지 않은 저를 용서해 주십시오. 아내가 겪는 고통을 돌아보지 못한 저를 용서해 주십시오."

내 마음은 무너져 내렸고, 기도는 회개로 흘러갔다. 시멘트 바닥에 흐느끼며 엎드려 있는 나를 의사와 간호사들이 놀란 얼굴로 지켜보았지만, 그 순간 내게는 그들의 시선도 중요하지 않았다. 그 자리는 단지 나와 하나님만이 존재하는 공간이었다. 기도를 마치고 의사에게 수술을 요청하기 위해 다시 일어섰다. 그런데 의사가 놀란 얼굴로 말했다.

"무슨 일이 있었는지 모르겠지만, 방금까지 열리지 않던 자궁이 갑자기 4.5cm까지 열렸습니다. 조금만 더 기다리면 자연 분만이 가능할 것 같습니다?"

마치 기도의 응답처럼, 아내는 다시 힘을 내보기로 했다. 그러나 시간이 더 지나면서 아내의 체력은 완전히 고갈되었다. 아내의 눈에 초점이 흐려지고 있는 모습을 보며 나는 더 이상 기다릴 수 없어 수술을 해 달라고 했다.

결국 30시간의 긴 진통 끝에, 마침내 우리의 아이가 세상의 첫 빛을 보게 되었다. 그 순간은 말로 표현할 수 없는 감격이었다. 그러나 그 감격 속에서 나는 또한 깊은 회개의 시간을 가졌다. 나의 무지함과 욕심으로 인해 아내가 겪었던 긴 고통의 시간을 돌아보며 하나님께 진정으로 용서를 구했다. 나는 아빠로서, 목회자로서 준비되지 않았던 나 자신을 돌아보는 기회를 얻었다.

그날의 경험은 나에게 영원히 잊을 수 없는 깨달음을 주었다. 하나님은 폭풍 속에서도 우리와 함께하시며, 자신의 손길로 우리의 삶을 인도하신다. 진통의 긴 여정은 단순히 고통스러운 경험이 아니라, 하나님의 임재를 더 깊이 깨닫는 시간이 되었다.

모든 어머니는 생명을 세상에 내놓는 그 과정에서 신비롭고도 경이로운 하나님의 은혜를 경험한다. 그들의 고통 속에서 하나님의 사랑은 생명의 축복으로 꽃을 피운다. 나는 생명을 낳기 위해 진통을 견디는 모든 어머니에게 경의를 표한다. 마가복음 4장 39절의 말씀이 떠오른다.

> 예수께서 깨어 바람을 꾸짖으시며 바다더러 이르시되 잠잠하라 고요하라 하시니 바람이 그치고 아주 잔잔하여지더라 _막 4:39

우리 삶의 풍랑 속에서도, 주님은 여전히 바람을 잠잠케 하시고 우리에게 고요함을 주신다. 그날 시멘트 바닥에 엎드렸던 시간은 단지 간절한 기도의 시간이 아니라, 폭풍 속에서도 함께하시는 주님의 사랑과 능력을 체험한 시간이 되었다. 그날의 바람은 잔잔해졌고, 하나님께서는 우리에게 새로운 생명과 새로운 깨달음을 허락하셨다. 우리는 그렇게 첫째 딸 사랑이를 만났다.

'컴패션'에서 만난 풍선

결혼 후 우리는 목회자로서의 삶이 단순히 설교와 가르침으로 끝나서는 안 된다는 것을 깊이 깨달았다. 우리의 가정이 하나님께 의미 있는 도구로 쓰임 받기를 소망하며 기도하던 중, 어려운 형편에 처한 아이들을 돕는 일이 마음에 떠올랐다. 그 결단은 단순한 동정심이나 일시적 충동이 아니라 하나님께서 주신 소명이었다. 전도사의 사례비로는 넉넉하지 않았지만, 우리는 해외 아동 한 명을 성인이 될 때까지 후원하기로 했다. 그리고 마침내 '컴패션'(Compassion)이라는 단체를 통해 한 아이와 연결될 수 있었다.

후원을 시작하며, 우리 가정이 하나님의 뜻에 따라 누군가의 삶에 선한 영향을 끼칠 수 있음에 감사했다. 그런데 흥미롭게도 하나님께서는 이 후원을 통해 우리를 더욱 풍성한 삶으로 인도하셨고 그즈음 첫째 아이를 선물로 주셨다.

그러던 어느 연말, '컴패션'에서 후원자들을 초청해 한 해를 돌아보는 '후원자의 밤'을 연다는 소식을 들었다. 아내는 함께 참석하자고 했지만, 나는 가고 싶지 않았다. 후원 그 자체로도 충분하다고 생각했고, 더 깊이 관여하는 것은 부담스러웠다. 그러나 어느새 나는 행사장에 앉아 있었다. 하나님께서 이끄신 자리는 피할 수 없음을 깨닫는 순간이었다.

행사가 마무리될 즈음, 사회자였던 주영훈 씨와 신애라 씨가 참석자들에게 풍선을 나눠 주기 시작했다. 천장에서 풍선이 천천히 내려오는 모습은 마치 슬로우 모션처럼 느껴졌다. 나는 평범한 풍선이 아님을 느끼고 풍선을 피하며 입으로 호호 불어 다른 쪽으로 날려 보냈다. 스스로 꽤 똑똑하다고 생각하며 흐뭇해했다. 하지만 더 현명한 주영훈 씨는 이렇게 말했다.

"모두가 하나씩 선물로 받으면 좋겠습니다. 풍선 두 개를 가진 분은 옆 사람에게 나눠 주세요."

결국 풍선을 하나 받아 들고, 터뜨리라는 안내에 따라 풍선을 터트렸다. 풍선 안에는 한 아이의 사진과 이름이 들어 있었다. 사진 속 아이의 얼굴에는 꿈과 희망이 담겨 있었고, 그 아래에는 아이의 비전이 적혀 있었다. 부담감이 엄습했지만, 나는 기쁨으로 후원하기를 결단했다. 그러나 이야기는 여기서 끝나지 않았다.

집으로 돌아오는 길, 아내가 조심스레 주머니에서 또 다른 사진을 꺼냈다.

"여보, 이 아이도 함께 후원하자."

아내의 말에 너무 당황을 해서 잠시 침묵했다. 전도사의 사례비로 총 세 명의 아동을 후원한다는 것은 결코 쉬운 일이 아니었다. 나는 며칠 동안 마음이 진정되지 않아 3일 동안 아내와 대화를 최소화했다. 나만 이상한가? 그러나 결국 나는 아내의 요청에 응했고, 세 명의 아이를 위해 매달 후원을 시작했다.

후원 초기에는 계산적이고 현실적인 나의 성향 때문에 많은 고민이 있었다. 그러나 시간이 지나면서 놀랍게도 가정이 크게 흔들리지 않았고, 하나님께서 필요한 것을 채워 주시는 경험을 자주 했다. 세 아이를 후원하며 우리의 나눔이 단지 금전적 지원이 아니라 하나님께서 가정을 통해 흘려보내시는 은혜임을 깨달았다.

교회에서도 같은 원리를 배울 수 있었다. 작은 교회였지만, 매년 선교와 장학 사업을 확장하면서도 교회의 재정은 더 풍성해졌다. 우리는 여유가 있어서 나누는 것이 아니라, 하나님이 기뻐하시는 일을 할 때 하나님께서 필요를 채우신다는 진리를 체험했다. 억지로 시작했던 일들이 시간이 지나면서 우리 가정과 교회의 기쁨이 되고, 힘이 되는 것을 알게 되었다.

예수님께서 구레네 사람 시몬에게 십자가를 지우셨듯, 때로는 하나님께서 우리에게 부담스럽고 무거운 십자가를 지우실 때가 있다. 그러나 그 십자가를 통해 더 큰 은혜와 기쁨을 누리게 되기도 한다.

> 그들이 예수를 끌고 갈 때에 시몬이라는 구레네 사람이 시골에서 오는 것을 붙들어 그에게 십자가를 지워 예수를 따르게 하더라 _눅 23:26

주 안에서 택하심을 입은 루포와 그의 어머니에게 문안하라. 그의 어머니는 곧 내 어머니니라 _롬 16:13

구레네 사람 시몬이 처음에는 '억지로' 십자가를 졌지만, 이후 그의 가족이 예수님을 믿고, 바울의 사역에도 참여했을 정도로 신앙의 가정이 되었다.

때때로 부담으로 느껴지는 우리의 십자가는 하나님의 은혜를 만나는 자리로 이끄는 도구가 된다. '컴패션'에서 만난 풍선은 단순한 후원 이야기가 아니라, 하나님의 사랑과 채우심을 경험하는 시작이었다.

| 하얀 거짓말 |

신학대학원 1학년 때였다. 기숙사 게시판에 붙은 한 장의 광고가 내 눈길을 사로잡았다. 과외를 구하는 광고는 흔했지만, 보통은 수학이나 영어 과목이 대부분이었다. 그런데 이번 광고는 달랐다. "성경 과외를 할 전도사님을 찾습니다"라는 단 한 줄의 문장이었다.

성경 과외라니 단 한 번도 들어본 적 없는 요청에 나는 가슴이 뛰었다. 성경을 따로 가르쳐 달라는 부모님이라니, 그 의도가 궁금했다. 주저하지 않고 전화를 걸어 자초지종을 물었고, 며칠 뒤 대치동의 한 아파트로 찾아가게 되었다. 그곳에서 만난 학생의 부모님은 이름만 들어도 알 법한 대형 교회의 집사님 부부였다. 두 분 모두 전문직에 종사하며 바쁜 삶을 살고 있었는데, 어머니는 나를 보자마자 진지한 표정으로 성경 과외의 진짜 목적을 털어놓으셨다.

"전도사님, 사실 성경 과외는 핑계입니다. 우리 아이가 방에서 게임만 하고, 부모와는 거의 대화를 하지 않으려 해요. 마음의 문을 닫아 버린 것 같아서 걱정이 큽니다. 그래서 아이가 신뢰할 수 있는 형처럼 옆에 있어 주며 대화할 누군가가 필요했어요."

부모님의 걱정은 절실했다. 그러나 어머니는 곧 덧붙였다.

"솔직히 전도사님이라는 사실을 알면, 아이가 더 마음을 닫을 거예요. 그러니 아이가 전도사님이 아니라 친척 형으로 느끼도록 도와주세요."

나는 고개를 끄덕였다. 아이의 마음을 여는 것이 우선이었다. 그 아이는 중학교 1학년 열네 살이었고, 나는 서른이었다. 하지만 어머니의 요청에 따라 23세라고 말하며 나를 친척 형처럼 여기도록 했다. 다행히 동안인 외모 덕분에(물론 반박하실 분도 있겠지만!) 하얀 거짓말은 성공이었다.

우리의 만남은 그렇게 시작되었다. 처음에는 긴장했지만, 만화책을 읽고 게임을 하며 웃고 떠들다 보니 아이도 점차 마음을 열었다. 어느 순간부터 아이는 그동안 쌓였던 마음속 이야기를 하나씩 꺼내놓기 시작했다. 그는 강남의 치열한 경쟁 속에서 초등학생 때부터 학원과 과외로 밤늦게까지 일정을 소화해야 했다. 주일 예배마저도 그에게는 '출석 체크'에 불과했다. 예배를 마치면 다시 학원으로 향해야 했고, 안식이라는 단어는 그의 삶과 동떨어져 있었다. 그는 지쳐 있었다.

짧은 만남이었지만, 나는 진심을 다해 그의 이야기를 들어 주었다. 그리고 그에게 단순히 "괜찮다"라는 말을 건네는 대신, 함께 웃으며 따뜻한 시간을 만들어 주고 싶었다. 다섯 번 정도 만난 뒤 여러 사정으로 연락이 끊겼지만, 나는 그 짧은 만남이 그 아이에게 작은 쉼과 위로로 남기를 간절히 기도했다.

이 경험은 나에게 한 가지 중요한 사실을 깨닫게 했다. 많은 아이들이 과중한 학습과 경쟁 속에서 신앙을 형식적으로 받아들이고 있다는 것이다. 신앙이 단순히 부모의 요구나 주일학교 출석률로 평가된다면, 그것은 아이들에게 짐으로 느껴질 수밖에 없다.

하지만 예수를 진정으로 만나는 경험은 다르다. 그것은 억지로 강요되는 것이 아니다. 예수님을 만나는 기쁨은 억압 속에서 이루어지는 것이 아니라, 자유로운 사랑과 은혜 속에서 일어난다. 나 역시 신앙의 출발점은 예수님을 만나는 순간이었다. 학업에서 1등이 되지 못하더라도, 내가 가진 최선으로 하나님께 드리겠다는 결심은 그분을 만나는 경험 속에서 자연스럽게 흘러나왔다. 신앙은 그렇게 우리를 억지와 강요에서 벗어나, 자유롭게 하나님과 동행하도록 이끈다. 요한계시록 3장 20절에서 예수님은 말씀하신다.

> 볼지어다 내가 문밖에 서서 두드리노니 누구든지 내 음성을 듣고 문을 열면 내가 그에게로 들어가 그와 더불어 먹고 그는 나와 더불어 먹으리라 _계 3:20

내가 만났던 그 아이는 신앙의 문을 스스로 열지 못했지만, 나는 믿는다. 언젠가 그의 마음의 문을 예수님께서 두드리실 때, 그는 그 문을 열고 그분과 함께하는 기쁨을 누리게 될 것이다. 부모님들께서도 기억해 주길 바란다. 아이들에게 신앙은 억지가 아닌 사랑으로 전해져야 한다. 신앙은 정답을 강요하는 훈련이 아니라, 하나님께로 나아가는 초대이다.

내가 그 아이와의 만남을 통해 배운 것은 신앙이 억지와 강요로 이루어질 수 없다는 것이다. 하나님께서는 우리를 자유롭게 하시는 분이다. 진정한 신앙은 부모의 기대를 채우기 위한 도구가 아니라, 아이 스스로가 하나님의 사랑을 경험하고 그 안에서 자라나도록 돕는 것이다.

| 하나님 내비게이션 |

전임 사역을 하며 다양한 사역을 감당했지만, 그중에서도 장례 사역은 특별히 내게 깊은 교훈을 주었다. 이 사역은 고통과 슬픔을 함께 나누는 자리이지만, 때로는 냉정하고 명확한 결정을 내려야 할 순간들도 있다.

서울에서 사역하던 어느 겨울 날, 구미에 장례 예배를 드리러 가게 되었다. 함께 가고자 하는 분들은 모두 14명이었고, 교회에는 12인승 승합차와 20년 된 낡은 15인승 승합차가 있었다. 차량을 두 대 가져가기에는 효율적이지 않았고, 일부 인원을 포기하게 하기엔 마음이 편치 않았다. 결국 우리는 낡은 15인승 승합차에 모두 올라 구미로 향하기로 결정했다.

구미에 도착한 후 장례 예배는 은혜롭게 마쳤다. 하지만 서울로 돌아오는 길이 문제였다. 내비게이션을 켜려 했지만, 핸드폰 배터리가 모두 소진되어 사용할 수 없었다. 차량 내비게이션 역시 고장난 상태였다. 원래 중부 고속도로를 타고 돌아오는 것이 빠른 길이었지만, 운전 중이던 집사님이 방향을 잘못 잡아 경부 고속도로로 들어섰다. 당시에는 그 선택이 단순한 실수처럼 보였다. 그러나 이후에 일어난 일을 통해, 나는 이 실수가 우연이 아니라 하나님의 섭리였음을 알게 되었다.

밤 9시 가까운 시각, 차는 경부 고속도로를 달리고 있었다. 그런데 갑자기 '펑' 하는 굉음과 함께 조수석 바퀴가 펑크가 났고, 차량이 얼음 위를 미끄러지듯 빙글빙글 돌기 시작했다. 차는 두 바퀴 반을 회전한 뒤, 가드레일 옆에서 멈춰 섰다. 순식간에 벌어진 일이었지만 그 짧은 순간 내 마음에는 교회와 사역에 대한 걱정이 스쳐 지나갔다. '이 사고로 교회에 누가 되지는 않을까? 모두가 무사할 수 있을까?' 그러나 놀랍게도 차는 전복되지 않고 멈춰 섰다. 더 놀라운 것은 차량 안의 누구도 다치지 않았다는 사실이었다.

돌이켜 보면, 구미에서 서울로 가는 길에 중부 고속도로 대신 경부 고속도로로 들어섰던 것이 하나님의 보호하심이었다. 중부 고속도로는 대부분 2~4차로로 좁아 사고가 발생했다면 연쇄 추돌을 피할 수 없었을 것이다. 그러나 경부 고속도로는 8차로로 넓었기에 두 바퀴 반을 도는 동안 다른 차량과 충돌하지 않고 멈출 수 있었다. 내 비게이션이 고장 나고 핸드폰 배터리가 떨어져 길을 잘못 들었던 일이 결과적으로 우리를 더 큰 위험에서 보호한 하나님의 계획이었다. 사고 현장에 도착한 레커차 기사는 우리 모두가 무사한 것을 보고 기적이라고 말했다.

이 사건은 내게 중요한 깨달음을 주었다. 때로 우리가 원하는 방향이 막히거나 예상치 못한 길로 들어설 때, 우리는 불편함과 짜증을 느낀다. 하지만 그 길이 바로 하나님의 계획 속에서 더 큰 위험을 피하게 하는 길일 수 있다. 우리의 계획이 아무리 논리적이고 안전해 보일지라도, 하나님의 길은 그것을 훨씬 뛰어넘는 완벽한 길이다.

우리의 삶은 예상치 못한 순간과 불확실한 길들로 가득하다. 그러나 하나님의 인도하심은 그 모든 길을 아우른다. 우리가 계획했던 길이 막히더라도, 그 길은 하나님께서 더 나은 길로 이끄시기 위한 과정일 수 있다.

> 사람이 마음으로 자기의 길을 계획할지라도 그 발걸음을 인도하시는 이는 여호와시니라 _잠 16:9

이 사건을 통해 나는 깨달았다. 하나님께서는 우리의 작은 실패와 실수까지도 사용하셔서 더 큰 보호와 은혜를 베푸신다. 진정한 신앙은 그분의 인도하심을 신뢰하고, 매 순간 그분께 감사드리는 삶이다.

Story 05

뿌리 깊은 나무처럼

Story 05
뿌리 깊은 나무처럼

| 시험관, 성경적 오해 |

몇 해 전, 40대 후반의 한 집사님께서 조심스레 다가와 물으셨다.

"목사님, 시험관 시술로 아이를 갖는 것이 죄인가요?"

그 물음에 담긴 무게를 느끼며 한동안 조용히 집사님의 표정을 살폈다. 그리고 되물었다.

"아니요, 그렇지 않아요. 왜 그런 생각을 하셨나요?"

그러자 집사님은 조용히 이야기를 꺼내놓으셨다. 과거에 들었던 어떤 목사님이 시험관 시술로 아기를 갖는 것이 죄라고 하셔서 그 말을 곧이곧대로 믿었다는 것이다. 이후 자연 임신만을 기다리다 보니 어느새 나이가 50을 바라보게 되었고, 이제 다시 시도하기엔 시기를 놓친 것 같아 안타까운 마음을 감추지 못하셨다.

집사님의 이야기를 듣는 동안 내 마음이 무거워졌다. 생명을 기다리는 간절한 소망이 얼마나 큰 사랑에서 비롯되었는지 알기에, 그리고 신앙적인 오해로 인해 그 소망이 좌절되는 과정을 지켜보며 나는 그 안타까움을 쉽게 떨칠 수 없었다. 한 생명을 기다리는 부모의 마음은 누구보다도 하나님께서 이해하시며 축복하시는 자리다.

집사님의 아픔을 들으며 문득 이런 생각이 떠올랐다. 만약 우리 가정이 같은 상황에 있었다면 어땠을까? 아이를 기다리며 한 가정의 마음속에서 피어나는 간절함과 눈물, 그리고 기도로 가득 찬 시간이 하나님 앞에서 얼마나 귀하고 아름다운가. 새로운 생명을 품기 위해 기도하고 준비하는 그 모든 여정이야말로 신앙의 결실이자 사랑의 열매가 아니겠는가. 그 후로 나는 심방을 다닐 때마다 아이가 생기지 않은 가정과 대화할 기회가 생기면 꼭 먼저 산부인과를 권했다.

"신혼 초기에 함께 검사를 받아 보는 것이 좋습니다."

이 권유는 단순히 의학적인 조언을 넘어, 신앙적 오해를 풀고 생명을 기다리는 가정이 필요한 도움을 받을 수 있도록 돕기 위한 것이었다.

최근 들어 결혼 연령이 높아지면서 임신 시기도 자연히 뒤로 미뤄졌다. 이에 따라 난임을 경험하는 가정이 늘어나고 있다. 통계에 따르면 전체 부부 중 15% 이상, 다섯 가정 중 한 가정이 난임 문제로 어려움을 겪는다. 그러나 난임은 결코 숨겨야 하거나 부끄러워할 일이 아니다. 오히려 이는 오늘날의 현실이며, 이를 솔직히 받아들이고 열린 마음으로 대처할 필요가 있다.

안타깝게도, 일부 신앙적인 해석과 오해는 난임 가정을 더 큰 고통으로 몰아넣기도 한다. 모든 문제를 기도와 믿음으로만 해결해야 한다는 지나친 신념은 때로 개인의 삶과 신앙을 무너지게 만든다. 기도는 하나님의 능력과 뜻을 구하는 고귀한 행위이지만, 그것이 하나님께서 허락하신 의학적인 방법을 배제하는 핑계가 되어서는 안 된다.

생명을 얻는 방식이 자연임신이든 의학적 시술을 통한 것이든, 모든 생명은 하나님께서 주신 놀라운 축복이다. 우리는 한 생명이 태어나는 과정에 대해 논하기보다, 그 생명이 하나님의 기쁨이 되고 영광이 되는 방향으로 양육하는 것이 더 중요한 과제임을 알아야 한다. 어떤 방법으로 아이를 얻었는지에 대한 지나친 판단은, 오히려 하나님의 뜻을 한정적으로 이해하는 오류로 이어질 수 있다.

가정은 생명을 잉태하고 양육하는 가장 거룩한 자리다. 이 거룩한 자리에서, 하나님께서 어떤 길을 통해 생명을 허락하시든 우리는 감사로 받아들여야 한다. 시험관 시술도, 입양도, 자연 임신도 모두 하나님의 계획 속에 있는 축복의 통로가 될 수 있다.

난임으로 고통받는 가정들에게 우리가 던져야 할 질문은 "어떤 방법으로 생명을 얻고자 하느냐?"가 아니라 "하나님께서 허락하신 생명을 하나님의 뜻에 따라 기쁨으로 양육할 준비가 되었느냐?"라는 질문이다.

생명은 하나님의 선물이다. 그 선물을 받는 방식에 대해 인간이 선과 악을 논하는 것에 대해 신중해야 할 것이다. 하나님께서 주신 생명을 어떻게 영화롭게 할지에 집중해야 할 것이다. 예수님은 수많은 치유의 사역을 통해 하나님의 사랑을 나타내셨다. 그 치유는 단순히 기적을 보여 주는 것이 아니라, 인간의 몸과 마음과 영혼을 모두 회복시키는 일이었다. 오늘날 의학적 도움을 통해 생명을 얻는 일도 이와 다르지 않다. 하나님께서 우리에게 주신 지혜와 도구를 사용하는 것은, 그분의 뜻 안에서 주어진 축복을 누리는 일이다.

우리의 신앙은 '모든 것을 하나님께 맡긴다'라는 수동적 태도가 아니라, 하나님께서 허락하신 지혜와 수단을 통해 그분의 선하심을 드러내는 데 있다. 결국 중요한 것은 이 질문이다.

"이 생명을 통해 하나님이 기뻐하실 일을 행하고 있습니까?"

우리의 소망은 단지 아이를 갖는 데 있는 것이 아니라, 그 생명이 하나님의 영광과 기쁨이 되는 것이다.

보라 자식들은 여호와의 기업이요 태의 열매는 그의 상급이로다 _시 127:3

여호와를 기뻐하는 것이 우리의 힘

심방을 다니다 보면 오랜 시간 아이를 갖기 위해 기도하며 기다리는 가정을 종종 만나게 된다. 시험관 시술을 결정하는 것 자체가 큰 용기가 필요한 일이며, 그 과정이 반드시 성공으로 이어지리라는 보장도 없다. 긴 기다림 끝에 생명을 얻는 가정들의 이야기는 늘 하나님의 섬세한 손길을 느끼게 한다. 그중에서도 특별히 마음에 남는 가정이 있다.

그 가정을 처음 심방했을 때, 집 벽면에 걸린 한 지도가 눈에 띄었다. 지도에 여러 가지 색연필로 선명한 표시가 되어 있기에 궁금한 마음에 물었다.

"집사님, 지도에 색연필로 표시해 둔 건 무슨 의미인가요?"
"아! 네, 목사님. 제가 출장 다녀온 곳들을 표시해 둔 거예요."

집사님 가정은 주말부부로 지낸 지 여러 해가 되었고, 매주 긴 출장을 다니는 생활로 몸도 마음도 많이 지쳐 있었다. 아이를 갖기 위해 안정된 가정을 이루고 싶었지만, 출퇴근이 가능한 근무지로 발령이 나는 것은 현실적으로 불가능한 상황이었다. 우리는 함께 기도하기로 하였고 한 달 후쯤 다시 만나 심방을 하였는데 집사님이 놀라운 소식을 전해 주셨다.

수년 동안 기도하던 근무지 이동이 거짓말처럼 2주 만에 이루어 졌고, 가능성이 거의 없다고 여겼던 가장 가까운 곳으로 발령이 났다는 것이었다. 가정의 안정과 생명을 향한 기도가 응답된 순간이었다.

"집사님! 그런데 이렇게 좋은 소식을 왜 바로 알려 주지 않으셨어요?"

기쁜 마음에 물었는데 집사님의 대답은 뜻밖이었다.

"사실 막상 출퇴근하는 생활을 해 보니 피곤해서 기대만큼 즐겁지가 않네요."

순간 마음이 멈칫했다. 기도로 구하고 하나님께서 허락하신 이 큰 은혜를 피곤함 때문에 잊어버릴 수 있다는 생각이 놀라웠다. 나는 차분히 말했다.

"집사님, 출퇴근할 수 있는 근무지를 위해 기도드린 것은 단순히 더 편안한 삶을 원해서가 아니었잖아요. 이건 하나님께서 아이를 허락 하시기 위한 길을 열어 주신 거잖아요.

우리는 여호와 한 분만을 위하여 기뻐함에 대하여 묵상을 하고 함께 느헤미야 8장 10절의 말씀을 붙들고 눈물로 기도했다.

여호와로 인하여 기뻐하는 것이 너희의 힘이니라 _느 8:10

하나님께서 주신 은혜를 다시 되새기며 기쁨으로 가정을 이루어 갔고 마침내 하나님께서 아름다운 아이를 선물로 허락해 주셨다. 개척 초기부터 헌신했던 소중한 가정이며 우리 교회에서 없어서는 안 될 일원인 그 가정을 볼 때마다 나는 "여호와를 기뻐하는 것이 우리의 힘"이라는 말씀이 단순한 선언이 아니라, 실제로 우리의 삶을 움직이는 능력임을 깊이 느낀다. 하나님께서 주신 기쁨은 피곤함을 뛰어넘고, 어떤 상황에서도 감사와 소망으로 우리를 붙드는 영원한 힘이다.

하나님께서 우리에게 베푸신 은혜는 흔히 일상의 피로와 어려움 속에 가려질 수 있다. 그러나 진정한 신앙은 그 속에서도 기쁨을 선택하는 것이다. 집사님 가정은 하나님의 은혜를 기억하고 기쁨을 되찾았을 때, 그 가정에 생명을 주시는 하나님의 손길을 경험했다.

오늘날 우리의 삶에서도 동일한 진리가 적용된다. 삶이 기대만큼 즐겁지 않더라도, 하나님의 선하심과 은혜를 기억하며 기쁨을 선택할 때 우리는 영원히 흔들리지 않는 힘을 얻게 된다.

여호와로 인하여 기뻐하는 것이 너희의 힘이니라 _느 8:10

그 힘으로 오늘도 우리는 하나님께 영광을 돌리며 나아간다.

| 고통스러운 질문과 분명한 대답 |

경험하지 않으면 이해하기 어려운 일들이 세상엔 참 많다. 그중 하나가 난임으로 고통받는 부부들의 마음이다. 그들의 깊은 슬픔은 단순히 몇 마디 말로 위로할 수 없는, 시간이 쌓아 올린 절망의 벽과도 같다. 아무리 많은 돈을 들이고 유명한 병원을 찾아다녀도, 결과는 매번 반복되는 고통일 뿐이다. 그리고 그 고통은 단순히 실패라

는 단어로 요약되지 않는다. 그것은 매번 희망을 품고 무너지는 심정, 그리고 다시 일어서야 하는 마음의 싸움이다.

그런 부부를 수년간 곁에서 지켜보며, 나 또한 그 고통이 깊이 새겨졌다. 그들의 눈빛 속에는 간절함과 좌절이 뒤섞여 있었고, 나는 그 마음을 온전히 이해할 수 없음을 인정하면서도 어떻게든 그 고통의 한가운데에서 하나님의 말씀을 전하고 싶었다. 어느 날, 그들에게 어렵게 꺼낸 말이 있다. 나 역시 무겁고 조심스러웠지만, 더 미룰 수 없다는 확신 속에서 한 마디씩 천천히 꺼내 놓았다.

"집사님, 어려운 때일수록 가장 중요하게 묻게 되는 질문이 있어요. 저도 그랬거든요. 신학의 길을 고민하며 5년간 기도했을 때, 유산을 경험하고 다시 아이를 허락받았을 때, 그리고 아무것도 없는 상황에서 개척 교회를 시작했을 때마다 반드시 하나님께 물어야 했던 질문이었어요. '정말 이 모든 것이 하나님의 기쁨과 영광과 관련이 있는 선택일까?' 이 질문은 우리가 원하는 바람과 목표를 넘어서서, 진정 하나님의 기쁨을 위해 걸어가는 길이 맞는지 점검하게 해 주는 질문이에요. 하나님께서는 때로 우리의 마음 가장 깊은 곳까지 들어오셔서 고통스러운 질문을 던지시기도 하거든요."

집사님은 조용히 내 말을 듣고 계셨다. 나는 계속해서 말했다.

"집사님, 하나님께서 정말 아이를 주신다면 그 아이를 하나님의 기쁨과 영광으로 키우실 수 있으시겠어요? 그리고 만일 허락하지 않으신다 해도 하나님을 원망하지 않고 그분의 뜻을 받아들일 수 있으실까요?"

내 질문이 그들의 마음에 얼마나 큰 무게로 다가왔는지 알 수 있었다. 잠시 침묵이 흘렀고, 집사님은 깊은숨을 내쉬며 말했다.

"네, 목사님. 무슨 말씀인지 알겠어요. 가슴 아프지만, 내 소유가 아닌 하나님의 소유로 아이를 바라보며 다시 기도하겠습니다."

겉보기엔 평범한 질문과 대답처럼 보였지만, 그 순간의 침묵과 답변 속에는 분명히 다른 울림이 있었다. 그것은 단순한 포기가 아니었다. 그것은 깊은 신앙의 결단이었고, 하나님의 주권을 인정하는 고백이었다. 우리는 카페에서 함께 기도하며 울었다.

그 일이 있고 몇 달 후, 하나님께서는 그들에게 귀한 생명의 선물을 허락하셨다. 10여 년 동안 이어진 어두운 긴 터널을 지나, 드디어 밝은 빛이 그 가정을 비추기 시작했다. 생명을 얻는 기쁨 속에서도 우리는 그 여정에서의 고통과 하나님의 깊은 은혜를 잊지 않았다. 하나님께서는 단지 결과를 주시는 분이 아니라, 과정에서 우리의 믿음을 연단하고 그분의 영광을 나타내시는 분임을 알게 되었다.

우리의 인생은 종종 고통스러운 질문들로 가득 차 있다. 그리고 그 질문은 대개 하나님께서 우리 삶의 주권자이심을 인정하고, 우리가 그분께 온전히 의탁하고 있는지를 묻는다. 아이를 기다리는 가정에게 "하나님의 기쁨과 영광을 위해 살아갈 준비가 되었는가?"라는 질문은 아이의 유무를 넘어선, 신앙의 근본을 묻는 질문이었다.

요한복음 2장 11절에서 예수님께서는 갈릴리 가나에서 첫 표적을 행하셨다. 물을 포도주로 변화시키는 그 표적을 통해, 주님은 자신의 영광을 나타내셨고 제자들은 그를 믿게 되었다. 이 사건은 단순히 기적의 결과를 보여 주는 것이 아니라, 그 과정을 통해 예수님께서 누구신지 드러내는 계기였다.

우리 삶의 기적도 마찬가지다. 기적은 결과 그 자체에 머물지 않고, 그것을 통해 하나님의 영광이 드러나는 자리로 우리를 이끈다. 그분은 우리의 고통을 아시며, 그 고통 가운데서도 우리가 하나님께로 더 가까이 나아오기를 원하신다.

우리의 삶에서 중요한 순간마다 하나님은 우리의 믿음을 점검하신다. 우리가 원하는 것을 넘어서서, 하나님의 뜻을 묻고 그 뜻에 순종할 준비가 되어 있는지를 확인하신다. 이러한 질문 앞에서 우리는 진실한 대답을 해야 한다.

"내 소유가 아닌 하나님의 자녀를 우리 가정에 맡기셨습니다."

이 고백은 하나님의 주권을 인정하는 동시에, 그분의 선하심을 믿는 신뢰의 표현이었다. 오늘도 우리는 삶의 여러 질문 앞에 서 있다. 그 질문들은 종종 고통스럽고 어려운 결정을 요구한다. 그러나 하나님께서 우리를 향해 던지시는 질문은 단지 우리의 결단을 시험하려는 것이 아니라, 우리가 그분을 더 깊이 신뢰하고 그분의 영광 가운데 살아가게 하려는 목적이 있다.

"정말 이 모든 것이 하나님의 영광을 위해 선택된 일인가?" 이 질문에 분명히 대답하는 순간, 하나님께서는 우리의 삶 가운데 찾아오셔서 그분의 뜻을 펼치신다. 우리의 삶도 하나님의 첫 표적처럼 그분의 영광을 나타내는 도구가 될 것이다. 고통스러운 질문 뒤에는 언제나 하나님의 뜻이 선명히 드러난다.

반복되는 꿈과 성령의 역사하심

꿈은 때로 인간의 이해를 넘어서는 신비로운 경험이기도 하다. 나는 보통 꿈으로 하루의 일을 예측하거나 지나치게 의미를 부여하지 않는다. 그러나 특정 꿈이 반복될 때면 조용히 시간을 내어 그 의미를 숙고하곤 한다.

몇 해 전, 지인의 가정이 꿈에 등장했다. 이유는 알 수 없었지만 꿈을 꾼 뒤 마음이 편치 않았다. 그래서 오랜만에 전화를 걸어 결혼 생활은 어떠냐고 물었다. 그때는 "별다른 일 없다"라는 대답만 돌아왔다. 아주 가까운 사이가 아니었기에 그저 안부를 묻고 전화를 끊었다. 하지만 마음 한구석의 무거움은 여전했다. 며칠 뒤 비슷한 꿈을 다시 꿨고, 세 번째로 같은 꿈을 꾼 후에는 더 이상 그냥 넘길 수 없다는 마음이 들었다. 이번에는 조금 더 솔직하게 전화를 걸어 말했다.

"사실, 여러 번 비슷한 꿈을 꿨습니다. 그냥 제 마음이 불편해서 안부를 다시 묻습니다. 별일 없으시죠?"

그제야 부부는 지난 3년 동안 여러 번 유산을 겪었고, 아내가 몸과 마음이 모두 지쳐 있었다는 이야기를 들려주었다. 그 이야기를 듣는 순간, 하나님께서 내게 이 가정을 위해 기도하라고 하셨음을 깨달았다.

그날 이후, 매일 아침 그 가정을 위해 기도했다. 유산으로 인해 아내가 느낀 슬픔과 좌절, 그리고 부부가 겪은 고통의 시간을 하나님께서 어루만져 주시길 간절히 기도했다. 한 달 후쯤 하나님께서 아이를 선물로 주셨고 감사하게 잘 순산하여 지금은 잘 크고 있다. 너무도 행복한 순간이 아닐 수 없다.

때로는 설명할 수 없는 일들이 우리 삶에 찾아온다. 꿈을 통해, 혹은 말로 표현할 수 없는 예감으로 하나님께서 특정 사람과 상황을 위해 기도하도록 우리를 이끄실 때가 있다. 나는 작정 기도나 금식을 자주 하는 사람은 아니다. 그러나 만약 내가 작정하고 기도한다면, 그것은 대개 영혼의 구원이나 난임과 유산으로 고통받는 가정을 위한 것이다.

지금 이 순간에도 난임이나 유산으로 인해 깊은 슬픔을 겪고 있는 가정들이 많다. 생명은 인간의 노력과 기술만으로는 어찌할 수 없는 영역이며, 그만큼 생명을 기다리는 고통의 여정은 깊고도 무겁다. 그러나 수많은 중보 기도와 하나님의 은혜 속에서, 그 고통의 터널을 지나 마침내 생명의 선물을 품게 되는 가정들을 보며 나는 다시 한번 생명의 신비와 하나님의 섭리를 느낀다.

기도는 우리의 믿음과 소망을 하나님께 드리는 행위이지만, 우리의 연약함과 한계를 드러내는 시간이기도 하다. 종종 우리는 무엇을 위해 기도해야 할지조차 모른다. 난임과 유산으로 고통받는 가정들을 위해 기도하면서, 나는 내 말과 감정만으로는 그들의 깊은 아픔을 다 담아낼 수 없음을 깨달았다. 그러나 그럴 때마다 로마서 8장 26절의 말씀은 내게 큰 위로와 소망을 준다.

> 이와 같이 성령도 우리의 연약함을 도우시나니 우리는 마땅히 기도할 바를 알지 못하나 오직 성령이 말할 수 없는 탄식으로 우리를 위하여 친히 간구하시느니라
> _롬 8:26

성령님께서는 우리의 한계를 아시고, 우리의 모든 기도와 아픔을 하나님의 보좌 앞에 올려드리신다. 우리의 말과 이해를 넘어, 성령님께서 친히 탄식하며 간구하시는 기도는 우리의 기도가 미치지 못하는 곳까지 닿는다.

우리는 고통 속에서 하나님을 만나고, 그분의 위로를 경험한다. 그러나 고통의 여정 속에서 가장 어려운 부분은 그 의미를 이해할 수 없을 때가 많다는 것이다. 그럼에도 불구하고 하나님께서 우리를 위해 일하신다는 믿음이 있다면, 그 고통의 순간은 결코 헛되지 않다.

오늘도 나는 난임이나 유산으로 고통받는 가정들을 위해 기도한다. 그 고통의 여정 속에서도, 하나님께서 생명과 소망을 주실 것임을 믿으며 중보한다. 우리의 기도가 닿지 못하는 곳에서 성령님께서 더 깊은 탄식으로 간구하고 계심을 믿으며, 그분의 은혜가 모든

슬픔을 덮으시길 소망한다.

"이와 같이 성령도 우리의 연약함을 도우시나니…"(롬 8:26). 우리의 기도는 비록 연약하지만, 성령님의 기도는 완전하다. 그분의 기도가 우리의 연약함을 넘어 하나님의 뜻을 이루어 가신다. 그 고통의 끝에서 우리는 하나님의 뜻과 사랑을 만나게 될 것이다.

| 25년의 고백 – 엄마의 세례 |

세 아이를 둔 부목사의 삶은 분주함 그 자체다. 설교와 교육, 심방과 상담이 일상이 되어 하루하루를 치열하게 보낸다. 그런 와중에도 나에게는 간절한 기도가 있었다. 바로 예수님을 믿지 않으시는 어머니가 주님께 나아오시길 소망하는 것이었다. 하지만 교회 사역과 거리의 제약 때문에 직접 어머니를 교회로 모시고 가는 일은 불가능했다. 어머니는 마음 한편으로 예배에 나가고 싶다는 의향을 내비치셨지만, 홀로 교회를 찾는 것은 여전히 어렵게 느끼셨다. 그러던 어느 날, 어머니께 전화가 왔다.

"3년 동안 나를 전도하려던 교회 사모님이 계셨는데, 아들이 목사니 이제는 그만하라고 부탁했어."

나는 순간 가슴이 철렁 내려앉았다. 그러나 어머니의 말은 거기서 끝나지 않았다.

"그랬더니 그 사모님이 '아드님이 목회하신다면 더 전도해야죠!' 하면서 여전히 나를 찾아오셔…"

그 사모님은 흔들리지 않고 복음을 전하는 데에 온 마음을 다하고 계셨던 것이다. 어머니의 이야기를 들으며 나는 감동과 동시에 감사의 마음이 가득 차올랐다. 그날로 그 사모님께 직접 연락을 드려 이렇게 부탁드렸다.

"어머니를 포기하지 말아 주세요. 복음을 전해 주시고 교회로 인도해 주세요."

며칠 후, 예상치 못한 사건이 일어났다. 아버지께서 차를 몰고 가시다가 신호 대기 중에 오토바이와 접촉 사고가 났는데 오토바이 운전자는 아버지께서 신호를 어기고 움직였다며 잘못을 주장했다.

하지만 아버지는 연세도 있으시고 차량에 블랙박스도 없는 상황이라 대응하기 어려웠다.

그때 놀라운 일이 벌어졌다. 바로 그동안 어머니를 전도하시던 목사님과 사모님이 우연히 그 길을 지나가다 이 광경을 목격하셨던 것이다. 목사님과 사모님은 서둘러 차에서 내려 오토바이 운전자에게 이렇게 증언해 주셨다.

"이 차는 확실히 신호에 멈춰 있었습니다. 잘못이 없습니다. 오토바이가 와서 부딪치는 것을 분명히 봤습니다."

그 말을 들은 오토바이 운전자는 그 자리에서 도망치듯 사라졌다. 이 일을 겪은 후, 어머니는 그분들에게 깊은 감사를 표하시며 나에게 말씀하셨다.

"이렇게 고마운 분들인데, 사람의 도리로라도 한 번은 교회를 가야겠네."

그다음 주, 어머니는 그 교회에 등록하시고 예배에 참석하기 시작하셨다. 주일에 교회를 나가지 못하는 날이면 헌금을 따로 모아 두셨다가 다음 주에 가져가셨다. 하나님께서는 어머니의 마음을 움직이셨고, 복음의 씨앗은 드디어 싹을 틔우기 시작했다.

1년 후, 특별한 순간이 찾아왔다. 주일마다 함께할 수 없는 내 사정을 고려해, 교회 목사님께서 평일에 맞춰 어머니께 세례를 베풀어 주셨다. 어머니와 함께 찍은 세례 사진을 볼 때마다 그날의 감격과 은혜가 다시 떠오른다. 예수님을 영접하기까지 25년이라는 시간이 걸렸다. 그러나 하나님의 때는 결코 늦지 않았다.

어머니를 주님께로 이끄는 데에는 3년간의 헌신적 전도와 한순간의 선한 행실이 결정적인 역할을 했다. 목사님 가정이 보여 준 사랑과 진실된 행동은 말 이상의 복음을 증거하는 도구가 되었다. 나는 이 일을 통해 다시 한번 깨달았다. 우리가 예수를 믿고 살아가는 것은 누군가가 뿌린 작은 복음의 씨앗 덕분이라는 것을.

대형 교회가 이미 많은 상황에서, 왜 작은 교회를 개척해야 하느냐는 질문이 종종 제기된다. 그러나 어머니를 전도한 작은 교회를 통해 나는 다시금 확신을 얻었다. 복음의 씨앗을 뿌리는 교회라면,

크기와 상관없이 그 자체로 위대한 사명을 감당하고 있는 것이다. 개척 교회는 가장 가까운 곳에서 사람들과 만나고, 때로는 인내와 사랑으로 한 영혼을 품는다.

갈라디아서 6장 9절의 말씀처럼, 복음의 사역은 때로 더딜지라도 그것은 하나님께서 이루어 가시는 일이다. 그분의 때에 이루어질 열매를 기대하며, 우리는 끊임없이 선을 행하고 복음을 나눠야 할 것이다.

> 우리가 선을 행하되 낙심하지 말지니 포기하지 아니하면 때가 이르매 거두리라
> _ 갈 6:9

| 하나님의 큰 선물, 아버지의 세례 |

어머니가 예수님을 영접한 지 1년쯤 되었을 때, 아버지의 병세가 점점 악화되어 위독한 상황에 이르렀다. 코로나 팬데믹이 한창이던 시기라 병원에서도 더 이상의 치료는 의미가 없다고 했다. 의사들은 아버지께서 며칠밖에 남지 않았다고 말했고, 이미 의식이 없는 상태로 이틀이 지났다. 그러나 기적처럼 아버지는 여전히 숨을 쉬고 계셨다. 주치의는 이틀 동안 소변을 보지 못하는 상태에서는 생존이 어렵다고 했지만, 아버지는 나흘 그리고 그 이상을 버티고 계셨다.

의사와 간호사들도 놀랐다. 소변이 배출되지 않아 온몸이 심하게 부어오른 상태였음에도 불구하고 아버지의 호흡이 계속되고 있는 것은 분명히 기적이라고 했다. 나는 침상 곁에 앉아 아버지의 귀에 대고 조용히 물었다.

"아버지, 살고 싶으세요?"

아버지는 아주 천천히 눈을 깜빡이셨다. 주치의는 비록 의식은 약하지만 귀로는 들을 수 있다고 했다. 나는 그 말에 희망을 품고, 아버지께 복음을 전하기 시작했다. 시편 23편을 읽어드리며 하나님의 말씀을 전했다.

여호와는 나의 목자시니 내게 부족함이 없으리로다 _시 23:1

그때마다 말을 못 하시는 아버지는 작은 반응을 하셨다. 그리고 어머니가 다니시는 교회 목사님께 부탁드려 병상 세례를 준비했다. 목사님은 복음을 전하시며 아버지께 병상 세례를 주셨다. 아버지는 세례를 받고 나서도 일주일을 더 견디셨고, 그 시간을 통해 가족들에게 마지막 인사를 나눌 수 있는 시간을 주셨다. 그렇게 아버지는 하나님의 품으로 돌아가셨다.

어릴 적, 부흥사들의 간증을 들으며 부모님의 구원을 위해 간절히 기도했던 이야기가 머릿속에 남아 있었다. 부흥사들 중 많은 이들이 자신이 1대 신앙인으로서 기도하고 기다린 끝에 부모님이 장로와 권사가 되셨다는 간증을 했다. 나는 그때마다 나의 부모님도 세례를 받고 하나님의 자녀가 되기를 소망하며 기도했다.

이 간절한 기도는 오랜 시간이 지나 마침내 응답되었다. 내가 예수님을 믿은 지 26년 만에, 부모님께서 모두 세례를 받으시고 하나님의 자녀가 되셨다. 아버지의 세례는 특히나 감격적이었다. 나는 해마다 기도 제목을 쓸 때마다 부모님의 구원을 빠뜨리지 않았는데 아버지의 세례는 마치 그 긴 기도의 여정에 대한 하나님의 응답처럼 느껴졌다. 디모데전서 2장 4절은 이렇게 말한다.

> 하나님은 모든 사람이 구원을 받으며 진리를 아는 데에 이르기를 원하시느니라
> _딤전 2:4

이 말씀은 나의 간절한 기도를 붙잡게 했고, 아버지의 마지막 순간에도 소망을 품게 했다. 하나님께서는 아버지가 세례를 받고 당신의 품에 안기도록 준비하고 계셨음을 나는 그 순간 확신했다.

우리의 신앙 여정은 때로 길고 고통스럽지만, 하나님은 끝까지 우리와 함께하시며 우리의 기도를 들으신다. 아버지의 세례는 기도

의 힘과 하나님의 인도하심을 증거하는 사건이었다. 하나님께서는 그분의 때에 가장 완벽한 방식으로 일하시며, 우리의 작은 믿음을 통해 큰 열매를 맺으신다.

Story 06

영광 받으소서

Story 06
영광 받으소서

| 개척형 목사가 되다 |

군대를 제대한 후 신학을 공부했고, 믿음의 선배들의 책과 말씀을 들으며 언젠가 나도 개척 교회를 담임하게 될 날이 올 것 같다는 숙명적인 생각을 자주 하곤 했다. 물론 정확한 그 때는 알 수 없지만, 시간이 가까워지고 있음을 느낄 때 아내로부터 한 통의 전화가 왔다. 코로나로 어려운 시기에 한 작은 교회에서 담임의 부재로 갑작스럽게 목회자를 모시게 되었다는 내용이었다. 신기하게 단 하루 만에 그 교회와 연이 닿았고, 그렇게 2주 만에 미자립 작은 교회 개척형 목사가 되었다.

개척 교회를 시작할 때, 나의 기도 제목은 오직 하나였다. 내가 먼저 아내에게 '개척'하자고 설득할 자신이 없었다. 그래서 아내로부터 '개척'의 이야기가 나오길 바라고 있었는데 아내가 먼저 그 전화를 받았기에, 나에게는 오랜 숙명과 같은 날의 '시작'임을 감지하였다.

인생의 가장 중요한 시간 속에서 하나님은 때로는 말씀이나 사람, 그리고 분명한 확신과 감동으로 길을 인도하실 때가 있다. 이러한 것을 자주 바라는 것은 전혀 아니지만, 그렇다고 해서 아주 중요한 때에 하나님의 인도하심을 부인하는 목회자가 되는 것은 더더욱 싫었다.

오랜 시간 마음으로 준비한 나였지만 거대한 파도가 나를 이끌듯 하루 이틀 만에 휘몰아치시는 하나님의 시간표는 신기하고, 놀랍고, 정신이 없었다. 그러는 중에 '매일성경' 묵상의 말씀이 나를 한 발짝씩 디딜 수 있도록 인도하였다.

> 그 여인이 아들을 낳으매 그의 이름을 삼손이라 하니라. 그 아이가 자라매 여호와께서 그에게 복을 주시더니 … 여호와의 영이 그를 움직이기 시작하셨더라
> _삿 13:24-25

창세기 41장 8절과 시편 77편 4절의 '번민하다', '괴롭다'라는 단어와 사사기 13장 25절의 '움직이다'라는 단어는 같은 어원을 가지고 있다. '움직이다'라는 단어는 '휘젓다', '몰아넣다', '세게 두드리다'라는 의미로 해석이 가능하다. 다시 말해, 하나님의 영이 나를 휘젓지 않으면 나는 움직이지 않았을 것이다. 나는 머리로 이해가 되지 않으면 움직이지 않는 사람이기 때문이다.

여러 가지 직면한 상황 속에서 '번민'에 차 있는 경우가 있다면, 하나님 안에서 하나님의 일을 위하여 고민하고 있는지 생각하면 분명해질 수 있다. 하나님 안에서의 '번민'과 '고뇌'는 어쩌면 여호와의 영이 나를 움직이게 하려는 하나님의 시간표이기도 하다.

하나님께서 우리를 흔들고 세게 두드리실 때, '번뇌'가 아닌 '움직임'으로 하나님 앞에 서는 시간이 되면 좋겠다. 때로 우리의 '번뇌'는 우리를 움직일 수 있는 최고의 '복'이기도 하다.

| 누가 나를 반장으로 추천하겠어? |

    40대 전후 교역자의 삶에서 굉장히 어려운 것 중 하나는 아이들의 전학 문제이다. 특히 초등학교 이상의 자녀를 두었다면 더욱 공감할 것이다. 몇 년 전의 일이다. 우리 큰딸이 사역지의 이동으로 초등학교를 전학 가게 되었다. 그런데 얼마 되지도 않았는데 반장 후보에 올랐다고 하기에 너무 신기해서 물었다.

"딸~! 누가 너를 반장으로 추천한 거야?"
"누가 나를 반장으로 추천하겠어? 내가 나를 추천했지!"

나는 사랑이가 실망할까 봐 조심스럽게 물었다.

"그러면 선거에서는 총 몇 표가 나왔어?"
"당연히 한 표 나왔지!"

하면서 크게 웃는 것이었다.

순간 얼음이 되어 딸을 쳐다보고 있는 나에게 딸은 이렇게 말한다.

"난 행복한데, 왜?"

"아니야. 딸~ 우리 오늘 저녁에 치킨 먹자!"

딸에게 목회와 인생을 배우게 된다. 나는 사람들의 시선을 많이 생각하는 사람이다. 그런데 딸은 누가 자신을 추천하지 않고 다가오지 않아도, 당당하게 자신을 추천하는 모습을 보면서, 목회와 인생에서도 이렇게 하면 좋을 것 같다는 생각을 해 보게 된다. 누가 나를 평가하기 전에 내가 나를 좋게 평가하며 나를 추천하고, 먼저 다가가서 적극적으로 나아간다면 인생과 목회의 부분에서 얼마나 행복할까?

사실 우리를 구원하시고 우리를 세우신 사건 하나만으로도 우리는 당당할 수 있고, 사람의 평가가 아니라 주님이 우리를 존귀하게 왕 같은 제사장으로 세워 주셨고 거룩한 나라라고 하셨으니 더 당당히 나아가야 하겠다. 이렇게 아이를 통해서 배움을 얻고 행복해 하는 나는 참으로 행복한 아빠이며, 행복한 목회자이다.

이스라엘이여 너는 행복한 사람이로다. 여호와의 구원을 너같이 얻은 백성이 누구냐 _신 33:29

| 아빠, 우리 교회는 교회가 아니야? |

어느 날 밤, 예배를 마치고 집으로 돌아가던 차 안에서 일곱 살 된 막내가 나를 보며 물었다.

"아빠! 저기 십자가 불이 있는 곳이 교회지?"
"응, 맞아. 교회야."
"그럼, 우리 교회는 교회가 아닌 거야?"

그 말에 나는 잠시 당황했다.

"왜 그런 생각을 해?"
"우리는 십자가 불이 없잖아? 십자가 불이 있는 곳이 교회라며?"
"음… 십자가가 없어도 교회는 교회란다."

아이의 순수한 질문은 나를 당황하게 했다. 어떻게 설명해야 할지 몰라 나중에 이야기해 주겠다고 얼버무렸다. 사실 우리 교회 옥상에도 십자가는 있다. 하지만 오래되고 낡아서 불도 들어오지 않는다. 작은 교회에서 돈을 쓰기가 쉽지 않아 굳이 손대지 않아도 된다고 여겨, 관심을 갖지 않은 것이 사실이다. 이런 복잡한 속사정을 일곱 살 아이에게 일일이 설명하는 것은 적절하지 않아 그저 넘어가려 했다.

며칠 후, 교회를 방문한 지인이 막내에게 교회가 좋으냐고 물었다. 그런데 아이는 심각한 얼굴로 대답했다.

"우리 교회는 교회가 아닌 것 같아요."

지인이 놀라 물어보니, 아이는 십자가 불 이야기를 꺼냈다. 이 말을 들은 지인은 미리 준비해 둔 기금을 건네며 십자가 수리에 쓰라고 말했다. 갑작스러운 호의에 나는 당황했다.

"조금만 고민할 시간을 주세요."

평소라면 나는 결정을 빠르게 내리는 편이다. 사역지 선택이나 개척 교회를 시작하는 일조차 하루 안에 결정했던 나였다. 그러나 이번에는 달랐다. 나는 3주간이나 기도하며 고민했다.

효율성 때문이었다. 우리 교회를 알리고자 큰 금액을 굳이 상가 양쪽에 십자가를 설치하기 위하여 돈을 쓰는 대신, 다른 교회나 선교지를 돕는 것이 더 나은 일이 아닐까 싶었다. 십자가를 밝히는 것보다 복음을 더 필요로 하는 곳에 기금을 사용하는 것이 하나님께 더 큰 영광이 되지 않을까 고민했다.

고난 주간이 시작되면서 나는 마태복음 26장의 말씀을 묵상했다. 한 여인이 예수님께 값비싼 향유를 부어드리자, 제자들은 그것이 낭비라고 비난했다. 그러나 예수님은 이렇게 말씀하셨다.

> 너희가 어찌하여 이 여자를 괴롭게 하느냐. 그가 내게 좋은 일을 하였느니라
> _마 26:10

그제야 깨달았다. 예수님이 말씀하신 '좋은 일'은 반드시 효율적이어야만 하는 것이 아니었다. 여인의 행동은 경제적으로는 비효율적일지 몰라도, 주님께 드리는 헌신과 사랑을 나타내는 일이었다.

나는 지금껏 하나님이 기뻐하시는 일을 핑계로, 사실은 내 마음이 더 편한 길을 선택하려 했던 것이 아니었을까? 그 모습이 겸손처럼 보였지만, 어쩌면 교만의 또 다른 형태가 아니었을까?

그날 이후, 마음을 고쳐먹었다. 십자가를 수리하고 불을 밝히기로 결심했다. 그리고 마침내 부활 주일, 우리 교회의 십자가가 다시 빛을 내며 동네를 비추기 시작했다. 새롭게 수리된 십자가는 단순히 눈에  보이는 교회 건축물의 일부가 아니었다. 그것은 어둠 속에서 빛을 내는 복음의 상징이었다. 십자가에 불이 들어오자 교회의 분위기가 새로워지고, 아이들의 마음에도 생동감이 느껴졌다. 막내는 기쁜 얼굴로 말했다.

"이제 우리 교회도 교회야!"

"오늘 저녁에 치킨 먹자!"

그 순간 나는 문득 생각했다. 효율성이라는 이유로 내 안에서 꺼져 버린 십자가는 없었는가? 하나님이 우리에게 보여 주신 사랑은 효율성과는 거리가 멀었다. 예수님께서는 하늘의 영광을 버리고 이 땅에 오셔서 모든 것을 내어 주셨다. 이는 계산이나 효율성을 따질 수 없는 사랑의 행위였다. 우리 교회 역시 효율성에 갇히지 않고, 복음의 능력을 드러내는 교회가 되길 바랐다. 십자가가 비추는 빛이 단순히 물리적인 조명이 아니라, 복음의 빛으로 우리의 공동체와 이웃에게 전해지길 소망했다.

십자가가 없는 교회도 여전히 교회다. 왜냐하면 교회의 본질은 건물이 아니라, 예수를 주로 고백하는 공동체이기 때문이다. 막내의 순수한 질문은 나로 하여금 교회의 본질을 다시 생각하게 했다. 십자가는 단순히 건물 위에 세워진 상징물이 아니라, 우리가 날마다 기억해야 할 복음의 중심이다. 교회는 복음의 빛을 세상에 드러내는 역할을 감당해야 하며, 우리의 삶 속에서도 그 빛을 비추어야 한다.

예수님께서 우리의 죄를 대신 지시고 십자가에서 흘리신 피는, 효율성을 따질 수 없는 완전한 사랑의 행위였다. 우리 역시 효율성과

편의성을 넘어, 복음의 빛을 세상에 드러내는 데 헌신해야 한다. 부활 주일에 다시 빛을 밝힌 십자가를 보며, 나는 하나님께 기도했다.

"하나님, 이 십자가가 단순한 조명이 아니라, 우리 공동체와 이웃을 향한 복음의 빛이 되게 하옵소서. 우리의 삶 속에서도 복음의 빛이 꺼지지 않게 하옵소서."

우리 교회도, 우리의 삶도 사랑과 헌신으로 빛나는 십자가의 빛을 세상에 드러내는 자리가 되기를 바란다.

| 아빠, 전도할 때 나 부를 생각하지 마! |

작은 교회의 사역은 크고 작은 도전의 연속이다. 그중에서도 가장 큰 어려움 중 하나는 아이들 문제였다. 우리 유초등부에는 아이들이 네 명 있었는데, 그중 세 명이 우리 집 아이들이었다. 큰 교회에서 부교역자로 사역하던 시절에는 한 학년에도 수십 명의 아이들이 있었기에, 지금의 상황은 아이들에게도 낯설고 당황스러웠을 것이다.

지인들은 내게 아이들만이라도 큰 교회에 보내는 게 좋지 않겠냐고 조언했다. 그 말이 일리가 없진 않았다. 아이들의 신앙 교육을 위해서라면 더 많은 친구들과 풍성한 프로그램이 있는 큰 교회가 유익할지도 모른다. 하지만 나는 마음 깊이 그들과 이 어려운 산을 함께 넘고 싶었다. 부모로서, 목회자로서 아이들에게 작은 교회에서도 하나님께서 일하시며 우리와 함께하신다는 것을 보여 주고 싶었기 때문이다.

어느 날, 큰아들에게 말을 꺼냈다.

"소망아, 내일부터는 교회 주변에서 전도를 할 건데 같이 할래?"

그러나 돌아온 대답은 단호했다.

"아빠, 전도할 때 절대 나 부르지 마!"

그 말에 웃음이 나왔지만, 마음은 쓰렸다. 큰 교회에서는 어색함이 없던 아이였는데 지금은 여러 가지로 부담이 있는 듯했다.

사실 나도 같은 마음이었다. 작은 교회의 현실 속에서 전도를 하면 할수록, 나 자신이 얼마나 부족한지 더 크게 느껴졌다. 그래도 포기할 수는 없었다. 매주 전도에 나섰고, 4개월 동안 꾸준히 사람들에게 복음을 전했다. 하지만 단 한 명도 교회로 오지 않았다.

나는 전도 방식을 바꾸기로 했다. 놀이터로 향해 초등학생들을 대상으로 전도를 시작한 것이다. 양손 가득 과자 꾸러미를 들고 다니니, 개척 교회 목사였던 나도 그 순간만큼은 아이들에게 연예인 같은 대우를 받았다. 아이들은 환호하며 내게 몰려들었고, 나는 과자를 나눠 주며 자연스럽게 이야기를 시작했다. 그중 한 아이와 눈이 마주쳤다. 과자를 건네며 물었다.

"이번 주 일요일 10시에 교회에 와 보지 않을래?"

그 아이가 내게 되물었다.

"아저씨, 교회가 뭐예요?"

순간 멍해졌다. '교회'라는 단어를 처음 들어본 아이의 얼굴을 보며, 지금 내가 있는 이곳이 선교지와 다름없다는 사실을 새삼 깨달았다. 나는 교회와 하나님에 대해 간단히 설명했다. 놀라운 것은, 그 아이가 우리 큰아들과 같은 반 친구라는 사실이었다. 수많은 아이들 중에서 그 아이의 눈빛이 마음에 남았다. 왠지 이 아이는 교회에 올 것 같은 확신이 들었다.

그날 오후, 나는 몇몇 성도님들에게 조심스럽게 말했다.

"주일에 아이 한 명이 교회에 올 것입니다. 기대하고 준비해 주시기 바랍니다."

성도님들은 오랜 시간 전도 열매가 없었기에 그 말이 실현될 거라 기대하지 않는 눈치였다.

큰아들에게도 말했다.

"내일 네 반 친구가 한 명 올 거야. 기도해 줘. 그리고 오면 잘해 줘."

큰아이 역시 반신반의하며 별다른 반응을 보이지 않았다. 하지만 나는 그날 밤과 주일 아침 내내 마음이 뜨겁고 설렘으로 가득했다. 주일 아침, 놀라운 일이 일어났다. 전날 만났던 그 아이가 두 살 어린 동생을 데리고 교회에 온 것이다! 나는 기쁨을 감추지 못하며 큰아이와 눈을 마주쳤다. 우리 둘만이 아는 행복한 미소가 서로의 얼굴에 번졌다. 성도님들 또한 놀라움을 감추지 못하며 기뻐했다.

"아들아(소망이), 네가 전도한 거다. 우리 오늘 저녁에 치킨 먹자!"

그날의 작은 기적을 통해 나는 다시 한번 확신했다. 하나님께서는 우리가 미련하게 보일 수 있는 전도의 도전을 기뻐하신다는 사실을 말이다. 고린도전서 1장 21절은 이렇게 말한다.

> 하나님의 지혜에 있어서는 이 세상이 자기 지혜로 하나님을 알지 못하므로 하나님께서 전도의 미련한 것으로 믿는 자들을 구원하시기를 기뻐하셨도다 _고전 1:21

아이들의 순수한 질문과 작은 열매로 맺어진 전도의 결실은 우리 공동체와 내 목회 사역에 새로운 도전을 주었다. 하나님께서 우리에게 주신 복음은 우리가 생각하는 방식과는 다르게, 세상의 약한 자를 통해 강하게 드러난다. 그날의 작은 기적은 단지 한 아이의 방문이 아니었다. 그것은 우리 교회와 나 자신이 하나님의 지혜 속에서 복음의 미련함을 기뻐할 때 어떤 일이 일어날 수 있는지를 보여 준 순간이었다.

전도는 결코 쉬운 일이 아니다. 그러나 한 영혼을 향한 하나님의 사랑은 그 모든 노력을 충분히 가치 있게 만든다.

| 식사 기도하고 밥 먹는 아이가 있어요 |

어느 날, 한 가족이 우리 교회를 처음으로 찾아왔다. 예배를 드리며 이미 이 가정에 깃든 신앙의 깊이를 느낄 수 있었다. 예배가 끝난 후, 아이와 함께 온 엄마에게 어떻게 우리 교회에 방문하게 되었는지 물었더니 뜻깊은 이야기를 들려주셨다.

"엄마, 우리 반에 점심시간마다 기도하고 밥 먹는 친구가 있어."
"정말? 그 친구랑 꼭 친해져야겠다. 그 친구가 다니는 교회가 어디인지 물어봐 줘!"
"응, 알겠어."
"이번 주에 그 교회 가 보자."

서울에서 이사 온 이후, 코로나와 여러 사정으로 인해 3년간 교회를 정하지 못했던 이 가족은 그렇게 우리 교회를 방문했고, 예배를 드린 날 곧바로 등록하게 되었다. 나는 궁금했다. 아이의 이야기에 나왔던 점심시간마다 기도하던 친구는 누구였을까? 알고 보니 바로 내 아들(소망이)이었다.

자녀들이 학교에서 어떤 모습으로 생활하는지, 부모로서 우리는 모두 알 수 없다. 그저 매일 큐티와 기도를 나누며, 자녀들이 말씀 안에서 자라길 기대할 뿐이다. 하지만 그날 이야기를 들으면서 나는 깊은 감동을 받았다. 보이지 않는 곳에서도 하나님께 감사하며 기도한다는 것이 어린아이에게 얼마나 큰 용기가 필요한 일인지 새삼 깨달았기 때문이다.

대부분의 친구들이 기도 없이 밥을 먹는 것이 자연스러운 상황에서, 우리 아이는 매일 기도하고 밥을 먹었던 것이다. 집에서 가르치고 나눴던 신앙의 가르침이 그의 삶 속에서 열매 맺고 있었다. 아이가 학교에서 보여 준 작은 신앙의 실천이, 예상치 못한 방식으로 새로운 가정을 교회로 인도했다는 사실은 내게 큰 깨달음과 감사를 주었다.

> 너희 눈을 들어 밭을 보라. 희어져 추수하게 되었도다 _요 4:35

예수님의 말씀처럼, 하나님은 우리가 미처 보지 못한 곳에서 이미 일을 시작하시고 열매 맺게 하신다. 매일 반복되는 식사 기도가 새로운 가족을 교회로 인도할 줄 누가 알았겠는가? 하나님께서는 이렇게 우리의 일상 속 작고 평범한 행동을 사용해 그분의 선하신 뜻을 이루신다.

이 이야기를 들으며, 내 삶 속에서 자녀들과의 시간을 되돌아보게 되었다. 목회의 바쁜 일정 속에서 아이들에게 소홀했던 때가 떠올랐고, 미안한 마음이 스쳤다. 그러나 감사하게도 아내는 꾸준히 가정의 신앙을 세워 주는 든든한 버팀목이 되어 주었다.

아내는 '성서 유니온'에서 간사로 18년째 사역 중이며, 아이들이 어릴 때부터 큐티와 기도를 통해 말씀을 가까이하도록 이끌어 주었다. 지금도 자연스럽게 '큐티아이'(성서 유니온 큐티 교재) 강사로 활동하며 아이들과 성경을 읽고 나누는 삶을 이어 가고 있다.

가족이 함께 모여 말씀을 읽고, 하루 동안의 일들을 나누며 기도

하는 시간은 우리의 삶에서 가장 귀한 순간이다. 단순히 성경을 공부하는 시간을 넘어서, 하루를 하나님께 올려드리는 예배의 자리이기 때문이다. 그 시간 속에서 우리는 말씀의 능력을 경험하고, 삶의 중심에 하나님을 모시는 법을 배운다.

아이의 작은 손을 통해 시작된 기도가 결국 새로운 가정을 우리 교회로 인도했다. 아이는 그저 하나님께 감사하는 마음으로 기도했을 뿐이다. 그러나 하나님께서는 그 기도를 통해 이미 추수할 밭을 예비하고 계셨다. 이 일을 통해 나는 하나님께서 일상 속에서 어떻게 일하시는지 다시금 배웠다. 기도는 단순한 종교적 습관이 아니라, 하나님과 동행하는 삶의 시작이다. 그 기도가 일터에서, 학교에서, 가정에서 빛을 발할 때, 하나님은 우리 삶을 통해 당신의 뜻을 이루신다.

우리의 작은 행동 하나하나는 하나님의 큰 계획 속에 사용될 수 있다. 하나님께서는 우리의 작은 순종을 통해, 보이지 않는 곳에서 사람들의 마음을 준비하시고 구원의 길로 이끄신다.

우리가 매일 반복하는 기도와 말씀 묵상이 때로는 당장 큰 변화를 만들어 내지 않는 것처럼 느껴질 수 있다. 그러나 하나님은 우리의 눈에 보이지 않는 곳에서 이미 놀라운 일을 시작하고 계신다.

| 아빠, 전도가 쉬워졌어요 |

요즘 우리 교회 초등부에 아이들이 부쩍 늘어나고 있다. 이유를 생각해 보니, 우리 첫째 아들의 전도 방식 덕분인 것 같다. 아들의 전도법은 간단하다. 친구들에게 이렇게 말한다고 한다.

"P가 우리 교회 다니는데, 와 보지 않을래?"
"P랑 K가 우리 교회 오는데… 너도 와 보지 않을래?"

아들의 단순하지만 꾸준한 전도는 예상 밖의 효과를 거두었다. 어느 날 아들이 신이 나서 자랑을 늘어놓았다.

"아빠, 나 여섯 표 차이로 반장 됐어!"

전학을 온 지 몇 달 되지 않아 반장이 되었다는 사실에 놀라면서도, 그게 하나님께서 열어 주신 길처럼 느껴졌다. 그런데 얼마 전에는 새로운 요구를 해 왔다.

"두 명 더 전도하면, 레고 로봇 사 줄 거야?"

그 말을 듣는 순간, 나는 "그런 마음으로 전도하는 게 아니야!"라고 말할 뻔했다. 전도는 단순히 보상을 얻기 위한 도구가 아니라고 가르쳐야 하지만 한편으로는 그 나름의 열정과 순수함이 기특하게 느껴졌다. 아이가 전도를 하며 레고 로봇을 언급한 건 단지 작은 격려를 받고 싶어서였을 것이다. 아이의 마음은 순수했다. 레고 로봇이 목표였다면 한두 번 시도하다가 포기했을 것이다.

하지만 아이는 꾸준히 친구들을 교회로 초대하며 열정을 보였다. 내 마음 한구석에 이런 생각이 들었다. 복음을 전하며 한 영혼이 구원받을 수 있다면, 레고 로봇이 뭐가 아깝겠는가? 요한복음 1장 46절에서 나다나엘은 빌립에게 이렇게 말한다.

나사렛에서 무슨 선한 것이 날 수 있느냐 _요 1:46

빌립은 그에 관한 길고 복잡한 설명 대신 간단히 초대한다.

빌립이 이르되, 와서 보라 _요 1:46

아들의 전도 방식도 이와 비슷했다.

"우리 교회에 와 보지 않을래?"라는 단순한 초대가 친구들의 마음을 움직인 것이다. 전도란 때로 복잡한 이론이나 설득이 아니라, 따뜻한 초대와 진심 어린 관계에서 시작된다. 아들의 단순한 초대는 교회 초등부를 채우는 놀라운 열매를 맺었다. 그것은 아이들끼리의 관계를 통해 복음이 전달되고, 한 영혼 한 영혼이 하나님께로 인도되는 과정이었다.

요한복음의 빌립처럼, 우리도 단순히 "와서 보라"고 초대할 수 있다. 그 초대는 복잡하거나 화려할 필요가 없다. 다만 진심을 담은 초대와 사랑의 마음으로 하나님께로 이끄는 것이다. 우리의 삶 속에서, 특히 전도를 통해 누군가가 하나님을 만나게 되는 일이 일어날 때, 그보다 더 기쁘고 감사한 일이 또 있을까? 그것이 바로 복음의 능력이자 하나님께서 우리를 통해 일하시는 방식이다.

아들의 작은 열정에서 나는 하나님께서 우리의 단순한 순종조차도 얼마나 귀히 사용하시는지를 다시금 배웠다. 그리고 우리의 노력 뒤에 언제나 계시는 하나님을 기억하게 되었다. 우리도 빌립처럼, 아들처럼 단순한 초대의 삶을 살아보자. 그리고 하나님께서 그 초대 속에서 이루실 놀라운 일을 기대하자.

나다나엘이 이르되 나사렛에서 무슨 선한 것이 날 수 있느냐. 빌립이 이르되 와서 보라 하니라 _요 1:46

| 하나님의 신비로운 연결 |

작은 교회에서의 전도는 끊임없는 기다림과 씨름의 연속이었다. 아이들은 꾸준한 전도를 통해 하나둘씩 교회에 나오기 시작했지만, 어른들은 좀처럼 발걸음을 옮기지 않았다. 그래도 매주 교회 앞에서 전도를 이어 갔다. 때로는 대화가 길어지기도 했지만, 대부분의 경우 사람들은 발걸음을 서둘러 지나쳤다.

그러던 어느 날, 전혀 예상치 못한 방식으로 하나님의 일하심을 경험하게 되었다. 그날, 지방에서 올라온 두 명의 여성 전도사님이 우연히 교회 앞에서 전도하는 우리 팀과 대화를 나누게 되었다. 그분들은 격려의 말을 전하며 우리의 사역을 응원해 주셨다. 그리고 대화를 이어 가던 중, 미국에 있는 지인이 의정부에 아는 분이 있다고 들은 적이 있다며 그 자리에서 카톡을 보내셨다.

나는 그저 격려처럼 여기고 대화를 마쳤다. 하지만 놀랍게도, 그 다음 주에 그 카톡으로 연결된 한 분이 교회를 찾아오셨다. 그분은 교회와 걸어서 1분 거리에 사시는 분이었다. 교회 성도님들 중 가장 가까운 거리에 살고 계셨지만, 그동안 한 번도 교회를 방문한 적이 없었다. 이야기를 나누며 그분은 말하였다.

"작년부터 마음이 공허했어요. 집 바로 앞에 교회가 있는데도, 용기가 나지 않아 계속 망설였죠. 그런데 미국에 있는 지인에게서 연락이 오고 나니 이상하게 마음이 열렸어요. 그 순간 '한번 가 보자'라는 생각이 들었어요."

그분은 어릴 적 교회를 다녔지만 초등학교 이후 30년 동안 신앙생활과는 거리가 멀었다고 했다. 교회에 발을 들이는 순간, 그분의 눈에는 눈물이 맺혔다. 나도 그 눈물을 보며 뭉클한 마음이 들었다. 수개월 동안 전도하며 지쳐가던 때, 하나님께서 주신 특별한 선물

같았다. 그분은 이후 예배에 꾸준히 참석하시며 학습과 세례를 받으셨다. 하나님께서 얼마나 신실하게 일하시는지, 그분의 계획이 얼마나 완전한지 다시 한번 깨달았다.

이번 만남이 이루어진 과정을 되짚어 보면, 하나님의 섭리는 참으로 놀라웠다. 우리가 교회 앞에서 전도하던 시간에 지방에서 온 두 명의 전도사님이 전도하는 우리 앞을 지나가셨다. 그분들의 카톡 한 통이 미국에 있는 지인과 연결되었고, 미국의 그 지인이 의정부에 사는 분에게 복음을 권하며 교회에 가 보라고 권면했다.

그 결과, 집 바로 앞에 교회가 있음에도 용기가 나지 않아 오지 못했던 분이 마음을 열고 첫발을 내딛게 되었다. 그 만남의 과정을 돌아보면 단순히 우연이라 할 수 없었다. 하나님의 계획 안에서, 우리가 미처 알지 못했던 곳에서 이미 모든 준비가 이루어지고 있었던 것이다.

한 영혼이 교회에 오기까지의 여정을 돌아보니, 가장 가까운 계기는 우리가 교회 앞에서 전도했던 일이었다. 그러나 멀리 보면, 그 순간을 위해 미국에 있는 지인의 권면이 있었고, 더 멀리 보면 하나님께서 오래전부터 그 영혼을 향한 사랑과 기다림으로 모든 것을 예비해 두셨음을 알게 된다. 우리가 전도하는 일은 마치 씨를 뿌리는 것과 같다. 씨를 뿌릴 때 당장 열매를 볼 수 없더라도, 하나님은 그 씨앗을 통해 일하신다. 그리고 적당한 때에 그 열매를 맺게 하신다. 골로새서 4장 3절에서 바울은 이렇게 말한다.

> 하나님이 전도할 문을 우리에게 열어 주사 그리스도의 비밀을 말하게 하시기를 구하라 _골 4:3

이 말씀처럼, 우리의 역할은 단지 문이 열리길 기도하며 복음을 전하는 것이다. 문을 여시는 분은 하나님이시고, 우리는 그분의 섭리와 일하심에 순종할 뿐이다. 전도는 때로 지치고, 열매가 보이지 않아 낙심하게 한다. 우리가 씨를 뿌리고 물을 줄 때, 그 씨를 자라게 하시는 분은 하나님이시다. 우리는 단지 순종으로 복음을 전하고, 하나님께서 그분의 때에 열매를 맺게 하시기를 기다릴 뿐이다.

낙심할 이유는 없다. 하나님께서는 지금도 우리가 보지 못하는 곳에서 일하고 계신다. 그리고 언젠가 우리가 뿌린 씨앗이 놀라운 열매로 돌아올 것이다. 이 모든 것은 우리가 한 것이 아니라, 하나님께서 그분의 사랑으로 행하신 일이다. 한 영혼을 향한 하나님의 마음은 늘 그분의 완전한 계획 안에서 이루어진다. 우리는 그저 순종하며, 그 여정에 함께할 특권을 누릴 뿐이다.

| 우리 오빠가 다니는 교회 |

전도하다 보면 예상치 못한 순간에 웃음이 터져 나오기도 하고, 기쁨으로 가슴이 벅찰 때도 있다. 아들의 친구들이 하나둘 교회에 나오면서, 교회의 교육관이 비좁게 느껴질 정도로 아이들이 늘어났다. 토요일마다 놀이터에 나가 아이들을 만나는 것은 일주일 중 가장 기대되는 일이 되었다. 아이들과 나누는 대화는 늘 재미있고 신선한 에너지를 가져다주었다. 나눠 주는 전도지를 보면서 한 여자아이가 말했다.

"어! 우리 오빠가 다니는 교회다."

그 아이의 오빠는 이미 교회를 잘 다니는 아들 친구 중 한 명이었다. 나는 활짝 웃으며 말했다.

"오빠가 교회 잘 다니는데, 이번 주엔 오빠 따라 아침에 교회 와 봐. 오빠랑 같이 오면 더 재미있을 거야!"

그날 저녁, 나는 그 오빠에게도 연락했다.

"오늘 동생을 놀이터에서 만났어. 목사님이 교회 오라고 했다고 꼭 전해 줘. 내일 아침엔 동생 깨워서 같이 교회 와라?"

오빠는 약간 쭈뼛거리며 말했다.

"예전에 몇 번 말했는데요…. 동생이 안 가려고 했어요."
"그래도 이번엔 다를 거야. 아침에 한번 교회 가자고 말해 봐?"

다음 날 아침, 주일 예배를 준비하며 조용히 기대했다. 그 아이가 정말 교회에 올까? 그리고 그 순간, 문이 열리며 짜잔! 오빠와 함께 동생이 교회에 왔다.

교회에 온 동생은 처음이라 조금 수줍어했지만, 예배 시간 동안 오빠와 함께 편안한 분위기에서 잘 적응했다. 나는 그 모습을 보며 감사한 마음이 들었다. 가족을 전도하는 것이 얼마나 어려운지 잘 알기에, 오빠의 작은 손길과 교회의 환영이 동생에게 큰 용기를 준 것 같았다.

가족을 교회로 이끄는 일은 때로 가장 큰 도전이다. 하지만 그 도전도 누군가의 도움으로 풀릴 때가 있다. 이번 주일 예배에서 나는 또다시 깨달았다. 주님이 보내 주신 한 영혼도 소홀히 여길 수 없다는 사실을.

아이들은 전도의 열매이자, 하나님의 마음을 품고 돌봐야 할 귀한 존재들이다. 그들의 마음은 순수하고 열려 있다. 내가 그들과 대화하고 함께하는 이유는 단순히 교회를 채우기 위해서가 아니다. 그것은 하나님께서 끝까지 사랑하시는 한 영혼을 향한 주님의 마음을 나도 품고 싶기 때문이다. 디도서 1장 3절은 이렇게 말씀한다.

> 자기 때에 자기의 말씀을 전도로 나타내셨으니 이 전도는 우리 구주 하나님이 명하신 대로 내게 맡기신 것이라 _딛 1:3

전도는 나의 능력이나 의지로 이루어지는 일이 아니다. 하나님께서 그분의 때에 말씀을 나타내시고, 복음을 맡기신 자들에게 사명을 주신다. 그렇기에 나는 전도의 현장에서 어떤 순간에도 낙심하지 않으려 한다. 한 아이와의 대화, 한 가족과의 만남이 작은 씨앗이 되어 하나님의 나라를 이루어 가는 과정임을 믿기 때문이다.

아이들에게 복음을 전하는 일은 때로는 단순하지만, 그 영향은 결코 작지 않다. 놀이터에서의 짧은 대화와 오빠의 작은 격려가 동생을 교회로 이끌었다. 그 아이가 예배 속에서 하나님을 경험하고 그의 삶이 변하기 시작한다면, 그것은 하나님의 손길이 우리를 통해 일하신 증거가 될 것이다.

눈물의 닭백숙

새로 교회에 나온 아이들은 매주 토요일이면 교회에 모여 놀곤 했다. 아이들이 교회에 오는 모습을 보는 건 즐거운 일이었지만, 모든 성도가 같은 마음은 아니었다. 각 가정의 상황 때문에 집에서 돌볼 수 없게 된 아이들이 교회에서 시간을 보내는 것은 어른들에게 다소 낯설게 느껴졌고, 교회가 마치 아이들의 집처럼 되어 가는 게 부담스럽게 느껴지기도 했다. 나로서는 교회가 아이들에게 편안한 공간이 되는 것을 기뻐했지만 교회는 모두의 공간이기에 이 문제를 어떻게 바라보고 풀어나가야 할지 고민이 많았다.

토요일 낮, 병원에 들렀다가 교회로 향하던 중 아이들에게서 전화가 왔다.

"목사님, 언제 오세요? 교육관 문 좀 열어 주세요!"

서둘러 교회로 가니 마침 장인어른께서 초복이라며 닭백숙 한 솥을 해 오셨다. 아이들과 나눠 먹으려는데 한 아이가 닭백숙을 보자마자 갑자기 눈물을 쏟아냈다. 나는 당황해서 아이에게 물었다.

"왜 갑자기 서럽게 우는 거니? 어디 아파?"

그 아이는 울먹이며 대답했다.

"할머니가 닭백숙을 자주 해 주셨는데 지금 병원에 한 달째 입원 중이세요. 닭백숙을 보니까 할머니 생각이 나요. 요즘 매일 퇴원하게 해 달라고 기도하고 있어요."

그 순간 마음이 뜨거워졌다. 그동안 아이들이 그저 철없이 교회에 와서 놀기만 한다고 생각했던 내 생각이 얼마나 편협했는지 깨달았다. 이 아이들의 순수한 마음속에는 하나님을 향한 작은 믿음이 이미 싹트고 있었다. 할머니를 위해 매일 기도하는 이 어린아이의 신앙은, 어쩌면 내가 가진 신앙보다도 더 맑고 진실했다.

그날 이후, 아이들을 바라보는 내 시선이 달라졌다. 교회가 아이들에게 놀이터 같은 공간이 되어도 괜찮겠다는 생각이 들었다. 놀이터가 단지 뛰어노는 곳이 아니라 그들의 삶 속에서 하나님을 경험하고 복음을 접하는 공간이라면, 그보다 더 아름다운 일이 있을까?

교회는 단순히 머무는 장소가 아니다. 교회는 아이들에게 안식처이자 사랑의 터전이 될 수 있다. 그곳에서 하나님을 향한 마음이 자라고 세상의 상처를 회복할 수 있다면, 그것이야말로 교회가 본질적으로 감당해야 할 역할이 아니겠는가?

아이들에게 교회는 그저 한때를 보내는 공간 이상이다. 가정에서 채우지 못한 사랑과 관심을 경험하고 하나님을 만나며, 삶의 기초를 다지는 곳이다. 복음이 그들의 삶 속에서 힘이 되고, 하나님을 찾는 마음이 깊어지기를 간절히 소망한다. 마가복음 9장 37절에서 예수님은 이렇게 말씀하셨다.

> 누구든지 내 이름으로 이런 어린아이 하나를 영접하면 곧 나를 영접함이요 누구든지 나를 영접하면 나를 영접함이 아니요 나를 보내신 이를 영접함이니라
> _막 9:37

아이들이 교회에서 복음을 배우고, 그 안에서 자라나는 것은 한순간에 이루어지지 않는다. 그들의 삶에는 여전히 서투름과 부족함이 남아 있다. 조금 더디더라도, 아이들이 교회에서 편안함을 느끼고 사랑을 경험하며 하나님을 향한 신앙을 키워 나가기를 바란다.

닭백숙을 보며 할머니를 생각하고 눈물 흘리던 그 아이의 순수한 마음처럼, 복음의 씨앗은 분명 아이들 마음속에서 자라나고 있다. 우리의 사명은 그 싹이 자라 열매를 맺도록 돌보고 기다리는 것이다.

| 놀이터의 보물들 |

올여름, 여건상 여름성경학교를 열지 못해 가을에 하루 동안의 토요 성경학교를 진행하게 되었다. 모든 것이 감사하지만 특히 예상치 못한 '진짜 보물'들을 발견하게 된 순간은 잊을 수 없다.

아파트 놀이터에서 진행된 보물찾기 시간, 교회 아이들과 함께 즐겁게 뛰어놀고 있던 중이었다. 놀이터에 있던 몇 명의 아이들이 우리를 바라보며 물었다.

"저희도 보물찾기 해도 돼요?"
"그럼, 당연히 함께 해도 되지!"

그 아이들은 보물찾기에 빠르게 합류했고, 보물찾기가 끝난 후 자연스럽게 우리를 따라 교회로 왔다. 피자와 음료를 함께 나누며 서로의 이름을 묻고 답하는 시간은 더없이 즐거웠다. 헤어질 무렵 아이들은 놀랍게도 이렇게 말했다.

"내일 예배 때도 올게요!"

주일 아침, 나는 여느 때처럼 예배 준비로 분주했다. 주일학교 예배는 11시에 시작이었는데, 놀랍게도 어제 만난 형제 아이들이 9시 20분쯤 교회에 왔다.

"얘들아, 왜 이렇게 일찍 왔어?"
"교회에 빨리 오고 싶어서 아침에 일어나자마자 왔어요."

그 대답을 듣고 마음이 울컥하여 아이들에게 물었다.

"혹시 전에 교회 다닌 적 있니?"
"아니요, 처음이에요. 엄마도 어렸을 때는 교회 다녔다고 허락해 주셨어요. 부모님도 나중에 전도하고 싶어요."

아직 복음을 깊이 이해하지 못할지라도, 그들의 마음에 심어진 기쁨과 열정은 분명 복음의 씨앗이었다. 하나님께서 주신 기회라는 확신이 들었다.

보물찾기를 통해 만난 이 아이들은 단순히 놀이터에서 얻은 작은 보물이 아니라, 하나님께서 예비하신 소중한 영혼들이었다. 놀이터에서 더 자주 보물찾기를 열고, 더 많은 아이들에게 복음의 기쁨을 나누는 기회를 만들어야겠다는 결심이 섰다. 마태복음 13장 44절에서 예수님은 천국을 이렇게 비유하신다.

> 천국은 마치 밭에 감추인 보화와 같으니 사람이 이를 발견한 후 숨겨 두고 기뻐하며 돌아가서 자기의 소유를 다 팔아 그 밭을 사느니라 _마 13:44

놀이터에서 시작된 작은 보물찾기가 이렇게 큰 축복으로 이어질 줄 누가 알았겠는가? 하나님은 우리가 보지 못하는 곳에서 이미 놀랍게 일하고 계셨다. 하나님께서 예비하신 보물을 찾고, 그 보물과 함께 천국의 기쁨을 나누는 사명을 충실히 감당하기를 소망한다.

| 130만 원짜리 은혜 |

오래된 신디사이저를 사용해 예배를 드리던 중, 마침내 신디사이저가 고장 나고 말았다. 교회 재정은 바닥을 보이고 있었기에 새로 장만하기란 어려운 상황이었다. 하지만 하나님께 더 좋은 찬양을 드리고 싶은 마음은 간절했다. 그러던 중, 추천받은 모델인 MX88의 중고 제품을 우연히 발견했다. 1년밖에 사용하지 않은 제품이 반값인 65만 원이라니, 믿기 어려운 행운처럼 느껴졌다.

한 가지 문제는 판매자가 거주하는 지역이 너무 멀다는 것이었다. 포기하려던 찰나, 마침 그곳에 사는 동생이 생각났다. 결제를 먼저 하고, 동생에게 제품을 대신 받아달라고 부탁하려고 했다. 그러나 결제 과정에서 문제가 발생했다. 사이트는 평범해 보였고 결제 링크도 일반적인 형식처럼 보였지만, 알고 보니 스미싱(Smishing, 문자 메시지를 활용한 피싱 사기 수법)이었다. 아무 이유 없이 65만 원이 두 번 결제되었고, 나는 130만 원이라는 돈을 허무하게 잃어버리고 말았다.

신고를 위해 경찰서를 찾았을 때, 나는 모자를 푹 눌러쓰고 고개를 들 수 없었다. 나 자신이 너무 어리석어 보였고, 경찰관 앞에 앉아 설명을 하며 민망함과 초라함이 몰려왔다. 내가 드라마 속 피해자가 될 줄은 몰랐다. 결국 새 신디사이저를 130만 원에 다시 사야 했다. 손해는 손해대로, 마음의 상처는 상처대로 남아 있었다. 경찰은 "범인이 범죄를 멈추지 않는다면 언젠가 잡힐 것"이라며 위로했지만, 속상한 내 마음을 달래기에는 턱없이 부족한 말처럼 느껴졌다. 나는 속으로 되뇌었다.

"하나님, 제가 정말로 잘못한 건가요? 하나님께 더 나은 찬양을 드리려는 이 마음마저 외면하시는 건가요?"

며칠 후, 과거에 사역했던 교회 장로님과 권사님이 5년 만에 찾아오셨다. 장로님은 과거 교회에서 있었던 오해가 마음에 걸렸는데 식사 자리에서 그 오해가 단순한 착오였음을 깨달았다며, 이제야 마음이 편해졌다고 하셨다.

헤어질 때, 장로님은 개척 교회를 위해 쓰라며 봉투를 하나 건네셨다. 집에 돌아와 아내와 함께 봉투를 열었을 때, 나는 순간 말문이 막혔다. 봉투 안에는 정확히 130만 원이 들어 있었다.

눈물이 핑 돌았다. 고장 난 신디사이저를 대신할 제품을 구하려다 당한 사기와 그로 인한 상실감을 하나님께서 알고 계셨던 것 같았다. 하나님은 우리의 모든 상황과 마음을 알고 계셨다. 3일 전만 해도, 나는 하나님께 서운한 마음을 품었다. 더 나은 찬양을 드리고 싶은 이 마음조차 외면당하는 것 같아 속상했다. 그러나 이 사건을 통해 하나님은 내가 겪는 작은 아픔과 실패조차 놓치지 않으시며, 그분의 방식으로 위로하시고 응답하신다는 것을 다시 깨달았다.

하나님은 우리가 원하는 시간에, 우리가 원하는 방식으로 응답하지 않으실 때가 많다. 하지만 그분은 항상 가장 완벽한 때에, 가장 적절한 방법으로 우리의 필요를 채우신다.

너희에게는 심지어 머리털까지도 다 세신 바 되었나니 두려워하지 말라. 너희는 많은 참새보다 더 귀하니라 _눅 12:7

우리는 종종 참새보다 못한 존재처럼 느껴질 때가 있다. 그러나 하나님께서는 우리의 삶의 모든 디테일까지도 헤아리시며, 가장 작은 필요와 갈망까지도 놓치지 않으신다.

오늘도 신디사이저를 켜며 하나님을 찬양한다. 그 찬양은 단지 악기 소리가 아니라, 하나님의 세밀한 손길에 대한 감사의 고백이다. 우리의 실수와 상실마저도 하나님의 위로와 은혜로 채워지는 이 여정 속에서, 나는 더욱더 깊이 하나님을 신뢰하게 되었다. 하나님은 우리의 모든 것을 아신다. 우리가 믿음으로 드린 작은 고백마저 놓치지 않으시는 분이시다.

못다 핀 꽃 한 송이가 남긴 고백

우리 교회 전도사님의 형님이자, 이제 막 30대에 접어든 신학생이 긴 투병 끝에 하나님의 품으로 돌아갔다. 그를 떠나보낸 이유는 교모세포종이라는 뇌종양이었다. 병은 잦아들지 않고 다시 번져 그의 생명을 빼앗아 갔다. 숨 가쁜 고통 속에서도, 그는 끝까지 믿음을 잃지 않았고 이제는 주님 안에서 안식의 평안을 누리고 있다.

그의 장례는 목회자이신 아버지가 주관하기 어려운 상황이었기에, 교회에서 장례 예배를 대신 주관했다. 장례 절차가 끝난 후, 그의 부모님이 교회에 오셔서 감사 인사를 전하셨다. 아버지는 눈물로 아들이 얼마나 하나님을 사랑했는지, 그리고 하나님께 기쁨이 되는 삶을 살려고 얼마나 노력했는지를 조용히 이야기하셨다. 어쩌면 사랑하는 아들의 흔적을 누군가의 마음에 남기고 싶으셨던 것일지도 모른다.

나는 그 고백을 들으며, 그의 이야기가 단순히 가족 안에서만 남을 것이 아니라 많은 사람에게 위로와 도전이 되었으면 했다. 그래서 여기, 그의 삶의 흔적을 남기고자 한다.

그는 어린 나이에 목회의 길을 걷기로 결심했다. 감신대에 입학한 그는 하나님께 영광을 돌리기 위해 학업에 최선을 다했고, 학창 시절에는 여러 번 전교 1등을 차지했던 뛰어난 학생이었다. 제물포 고등학교 시절, 그는 3년 내내 몸과 마음이 불편한 친구를 돌보며 따뜻한 마음을 나누었다.

그의 믿음은 병상에서도 흔들리지 않았다. 아프고 고된 시간 속에서도 그는 찬양을 멈추지 않았고, 직접 찬양 앨범을 제작해 하나님께 올렸다. 병마에 시달리는 동안에도, 그는 자신의 삶을 찬양과 헌신으로 채웠다. 그의 인생은 짧았지만, 누구보다 깊고 진한 신앙의 향기를 남겼다.

우리의 삶이 뜻대로 되지 않을 때, 선택지는 두 가지다. 하나는 '그럼에도 불구하고' 하나님의 은혜를 의지하며 주님께 더 가까이 나아가는 길이고, 다른 하나는 믿음을 버리고 주님을 떠나는 길이다.

그의 삶은 '그럼에도 불구하고'의 믿음을 보여 주었다. 고통이 가득한 세상에서도 그는 주님을 향한 찬양을 멈추지 않았고, 자신의 고난을 하나님께 올려드렸다. 특히 그는 욥기의 말씀을 묵상하며(욥

1:21-22) 노래를 만들었다. 그의 고백은 모든 고통 속에 있는 이들에게 깊은 위로와 공감을 주는 노래로 남았다.

> "주신 이도 여호와시요 거두신 이도 여호와시오니, 여호와의 이름이 찬송을 받으실지니이다."

이 고백은 욥의 입술에서 나왔던 것처럼, 그의 입술에서도 나왔다. 고통을 하나님을 향한 찬양으로 바꾸는 믿음의 선택은 그 자체로 놀라운 증언이었다.

그의 부모님은 아들을 떠나보내는 고통 속에서도 하나님께 감사의 고백을 드렸다. 세상의 관점에서 보면 그는 활짝 피우지도 못한 꽃처럼 보일 수 있다. 그러나 하나님의 관점에서 그의 삶은 이미 온전히 드려진 완전한 제사였다.

사람마다 짊어진 인생의 아픔은 다르다. 누군가는 젊음과 시간 속에서 성공과 행복을 이루지만, 또 다른 이들은 그 길을 걷지 못하고 중간에 멈춘 듯 보인다. 그러나 하나님은 우리의 인생을 성공이나 길이로 평가하지 않으신다. 하나님께서는 우리의 삶이 그분께 얼마나 드려졌는지, 얼마나 온전히 의지했는지를 보신다.

그가 남긴 찬양과 삶의 흔적은, 단지 한 개인의 이야기를 넘어 하나님께 드려진 헌신의 증거가 되었다. 그의 찬양은 지금도 고통 속에 있는 많은 이들에게 따뜻한 위로와 손길이 되고 있다. 삶이 뜻대로 흘러가지 않을 때, 하나님께 고백하라.

"주신 이도 여호와시요, 거두신 이도 여호와시오니…"

이 고백은 단지 아픔을 인정하는 차원이 아니다. 그것은 고난 속에서도 하나님께 신뢰를 두는 믿음의 선언이다.

그의 삶은 짧았지만, 하나님께는 최고의 삶이었다. 그가 남긴 삶과 그의 고백은, 우리가 어떤 상황 속에서도 하나님을 찬양할 이유를 보여 준다. 그는 꽃이 활짝 피지 못한 것 같았지만, 그 향기는 오래도록 남아 우리의 마음을 울리고 있다.

"주신 이도 여호와시요 거두신 이도 여호와시오니…"

그가 남긴 고백은 단순히 한 시대의 이야기가 아니라, 영원히 남을 찬양의 언어다. 욥이 그랬듯, 유성찬 전도사님도 하나님을 향해 원망하지 않고 찬양했다. 그 믿음은 고난 속에서도 주님을 의지하는 우리 모두의 믿음이 되어야 한다.

주신 이도 여호와시요 거두신 이도 여호와시오니 여호와의 이름이 찬송을 받으실지니이다 하고 이 모든 일에 욥이 범죄하지 아니하고 하나님을 향하여 원망하지 아니하니라 _욥 1:21-22

Story 07

복음과 환대의 시간

Story 07
복음과 환대의 시간

| 빛 가운데로 걸어가면 |

개척형 목회를 시작한 지 1년 반이 흘렀다. 하나님의 은혜로 교회는 작은 부흥과 성장을 경험하며 안정 궤도에 들어섰다. 전도사님들과 내 사례비도 해결되었고, 사택 지원도 이루어져 감사한 마음으로 목회를 이어 가고 있었다. 그러던 중, 근처에 있는 또 다른 개척 교회가 재정난으로 어려움을 겪고 있다는 소식을 들었다. 그 교회는 빚을 지고, 문을 닫을 준비를 하고 있었다. 요즘 이런 소식이 드물지 않아 마음이 아팠지만, 스쳐 지나가는 이야기처럼 들리지 않았다. 며칠 후 하나님께서 내 마음을 흔드시며 물으시는 것 같았다.

"지금처럼 안정되고 성도가 늘어 가니 좋으냐? 그 교회와 함께할 수는 없겠니?"

그 교회의 상황을 들여다보니, 이제 막 신앙생활을 시작한 젊은 몇 가정들이 아이들과 함께 출석하고 있었다. 그 교회가 문을 닫으면, 이들이 신앙생활을 포기할 가능성이 높다는 이야기를 들었다. 그런 상황 속에서 내 마음이 무거워졌다. 우리 교회 역시 여유가 많은 상황은 아니었지만, 하나님께서 주신 이 도전을 외면할 수는 없었다.

가까운 거리였기에 나는 그 교회를 직접 방문해 보았다. 교회는 걸어서 갈 수 있을 만큼 가까운 곳에 있었고, 같은 교단 소속의 교회였다. 본 교회의 리더들과 회의를 하였다. 리더들은 하나님의 뜻으로 받아들이고 함께하는 것이 좋겠다며 나를 격려해 주었다. 그렇게 기도한 끝에 두 교회를 하나로 합치기로 결정했다.

그러나 일이 순조롭게만 진행되지는 않았다. 본 교회의 몇몇 성도들은 재정적인 부담과 교회 합병 이후의 새로운 변화를 두려워했다. 나 또한 두 교회의 재정적 상황을 살피며 교회에 부담을 주지 않기 위해 2년간 사례비를 받지 않기로 결심했다. 그러나 이런 결단에도 성도들의 염려를 완전히 없애기는 어려웠다.

시간이 한 달 이상 지나면서 어떤 대안도 없이 함께하기로 한 교회만 교회 문을 닫게 되었다. 기도를 거듭한 끝에, 나는 더 근본적인 결정을 내려야만 했다. 두 교회를 모두 살리는 길을 선택하게 되었다. 시무하던 교회에는 아쉽지만 사임하게 되었고 훌륭한 목사님을 청빙하도록 제안했다. 그리고 나는 개인 대출을 통해 현재 목회자가 없는 더 작은 교회의 빚을 갚고 폐쇄될 위기의 교회와 재개척을 함께 하기로 했다.

지금은 서로 응원하는 교회가 되었으며 두 교회 모두 지역 사회 속에서 부흥 성장하는 모습을 보여 얼마나 감사한지 모르겠다. 다시 개척을 시작한다는 것은 내게 있어 큰 도전이었다. 안정된 환경을 뒤로하고 또다시 '맨땅에 헤딩'하는 심정으로 시작해야 했다. 그러나 하나님은 내가 두려워하는 것보다 더 빠르게 응답해 주셨다. 몇 달 만에 새로운 교회는 성도들의 자발적인 헌신으로 빠르게 안정되었다. 성도 수는 두 배로 늘었고, 성숙한 믿음을 지닌 성도들이 공동체를 더 아름답게 세워 나갔다.

아이들이 많아지면서 공간이 부족해졌는데, 성도들이 자발적으로 창고와 지하 공간을 정비했다. 그 결과 아이들이 모여 즐겁게 교제할 수 있는 새로운 아지트가 생겼다. 나는 이 과정을 지켜보며 하나님께서 우리의 작은 순종을 얼마나 크게 사용하시는지를 다시금 느꼈다.

믿음으로 한 걸음을 내딛는 일은 언제나 쉽지 않다. 목회자라고 예외는 아니다. 앞길이 보이지 않는 상황에서, 미래에 대한 두려움이 나를 옥죌 때도 많았다. 그러나 나아가는 발걸음이 개인적인 유익이 아닌 하나님의 나라와 그의 의를 구하는 길이라면, 하나님께서 반드시 동행하시리라는 확신이 있었다.

예수님께서 말씀하신 "먼저 그의 나라와 그의 의를 구하라"(마 6:33)는 진리는 단순한 이상이나 이론이 아니다. 우리의 삶 가운데 실제로 역사하는 하나님의 약속이다. 우리를 둘러싼 불확실성과 두려움 속에서도, 하나님은 빛 가운데로 우리를 부르시며 나아갈 길을 인도하신다.

작은 개척 교회 두 곳이 하나가 되는 과정은 단순히 두 공동체가 합쳐진 일이 아니었다. 그것은 하나님 나라를 위해 새로운 도전을 감행하는 믿음의 여정이었다. 불확실한 현실 속에서 주님께 우리의 모든 것을 맡기고, 그의 인도하심에 의지하는 훈련이었다.

우리의 삶은 하나님의 나라를 세우는 여정이다. 그 길이 비록 보이지 않고 때로는 힘난해 보일지라도, 우리는 빛 가운데로 걸어가는 사람들이다. 그곳에서 하나님의 영광과 그분의 약속을 반드시 만날 것을 믿는다.

│ 머리는 몰라도 몸은 안다 │

인생의 중대한 선택 앞에 설 때마다 나는 한 가지 질문을 던지곤 했다. "하나님의 인도하심을 잊지 않고 걷고 있는가?" 상황의 크기나 결과보다, 그것이 하나님의 시간표에 맞는 일인지 분별하는 것이 내게는 언제나 더 중요했다. 하나님께서 마음에 소망을 주시면 머뭇거림 없이 그 길을 선택했지만, 그 길은 생각보다 큰 도전과 무게를 동반하곤 했다.

머리로는 '괜찮다'고 생각했지만, 몸은 그 시간들의 무게를 고스

란히 감당하고 있었다. 두 교회를 살릴 수 있는 길이라면 어떠한 각오도 감당해야겠다고 생각했지만 머리와 다르게 몸은 큰 무게를 느끼고 있었다. 근 한 달 동안 기력이 바닥까지 빠져나가는 것을 경험했고, 그동안 당연히 "해결할 수 있다"고 여겼던 자신감이 이제는 자만처럼 느껴졌다.

그날 밤의 꿈은 지금도 선명히 기억난다. 나는 꿈속에서 한없이 울고 있었다. 두 교회를 감당할 자신이 없다는 절박함과 부족함이, 꿈속에서 눈물로 터져 나왔다. 꿈에서의 울음소리에 아내가 놀라 나를 흔들어 깨웠다. 걱정스러운 눈빛으로 나를 바라보는 아내에게 그 꿈을 털어놓으며 나는 나 자신조차 몰랐던 내 내면의 한계에 직면했다.

"하나님, 저는 준비되지 않았습니다. 이 길을 감당할 실력도 자신도 없습니다."

내가 스스로 강하다고 생각했던 부분들이 얼마나 무너질 수 있는지를 하나님이 보여 주셨다.

안정된 교회를 내려놓고 다시 첫걸음을 내딛는 것은 예상보다 훨씬 더 무거운 일이었다. 감당해야 할 사역의 무게는 물론, 사람들과의 관계 속에서 오는 아쉬운 마음도 적지 않았을 것이다.

한 달 동안 힘이 생기지 않아서 나도 모르게 계속 누워 있었다. 모든 것이 나의 힘과 능력으로 해결되지 않는다는 사실을 나는 절감하고 있었다. 그러나 이런 현실 속에서도, 하나님은 내게 새로운 길을 열어 가고 계셨다. 특히 아내의 격려는 그 긴 터널을 지나갈 수 있는 힘이 되었다. 그녀는 나의 부족함을 비난하지 않고, 오히려 하나님께서 이 일을 통해 무엇을 가르치시는지 함께 생각해 보게 해 주었다.

머리는 '괜찮다'고 말했지만, 몸은 이미 내가 감당하고 있는 무게를 알고 있었다. 그리고 하나님은 그 무게 속에서 나를 다시 빚어 가고 계셨다. 두려움과 불안 속에서도 한 걸음씩 내디디며, 나는 하나님이 내게 맡기신 길을 걷고 있다. 그 길의 끝이 어디일지는 아직 알 수 없지만, 주님의 부르심이 선한 결실을 맺으리라는 소망을 품고 나아간다.

우리가 연약함을 느낄 때, 그것은 단지 나의 한계를 드러내는 순간이 아니다. 오히려 하나님이 그 연약함 속에서 일하시겠다는 약속의 시작이다. 나에게 필요한 것은 모든 두려움과 염려를 내려놓고 하나님을 신뢰하는 것뿐이다.

베드로전서 5장에서는 염려를 주께 맡기라고 한다. 여기서 말하는 '맡기라'는 뜻은 하나님께 던지라는 뜻이다. 다시 말해, 염려를 주님께 맡길 때는 더 이상 나의 것이 아니기에 염려하고 낙심할 수 없다.

너희 염려를 다 주께 맡기라. 이는 그가 너희를 돌보심이라 _벧전 5:7

| 사람을 준비하시는 하나님 |

개척 교회는 매일이 도전의 연속이다. 새로운 방식으로 교회는 개척되었고 조금씩 성장하며 자립 재정의 기틀을 잡았지만, 그 과정은 여전히 넘기 힘든 산을 오르는 듯한 시간이었다. 하루에도 수많은 미자립 교회가 문을 닫는 현실 속에서, 하나님은 나에게 묻고 계시는 듯했다.

"아무것도 보장되지 않은 시작을 다시 할 수 있겠니? 그리고 결과가 좋지 않아도 후회하지 않을 자신이 있겠니?"

그 질문 앞에서 나는 머뭇거리며 솔직히 고백할 수밖에 없었다.

"사실 두렵습니다. 그러나 하나님을 완전히 이해하지 못해도 신뢰할 수는 있습니다. 오늘도 하나님의 시간표 안에서 한 걸음씩 걷겠습니다."

본 교회는 하나님의 은혜로 자립 재정을 이루고, 나보다 더 탁월한 목회자를 맞이하게 되었다. 나 자신은 과감한 결단으로 보일지 모르지만, 실상은 매일 두려움과 기도로 채워진 시간이었다. 새출발을 결심하면서 사례비를 받지 않을 각오를 해야 했다. 이 여정 속에서 하나님은 한 사람 한 사람을 보내 주셨다. 마치 어두운 밤길에 환한 등불처럼, 그들의 헌신은 하나님께서 이 사역을 지켜보고 계신다는 살아 있는 증거였다.

새로 시작한 교회에서 가장 먼저 만난 사람은, 코로나 기간에 집에서 예배를 드리며 새로운 교회를 찾던 집사님이었다. 그분은 첫 예배를 드린 후에 바로 등록했다. 그러나 나는 교회의 현실을 숨기지 않았다.

"교회가 지금 어렵습니다. 저 역시 사람 눈치를 보며 목회하고 싶지 않습니다. 믿음으로 함께하실 수 있다면 감사하지만, 부담스러우시면 자유롭게 결정하셔도 됩니다."

솔직한 내 말이 혹시 그분을 떠나게 하지는 않을까 하는 염려가 들었지만, 바로 그 주에 직장을 조기 은퇴하고 교회를 돌볼 준비를 하셨다.

집사님은 당시 직장에서 정년까지 1년을 남기고 있었다. 안정적인 은퇴와 퇴직금을 포기하는 선택이 아쉽지 않았는지 물어보았다. 집사님의 대답은 단순했지만 깊은 울림이 있었다.

"목사님, 우리가 1년 후에 만날 수 있다는 보장이 없잖아요. 지금 교회가 어려운 상황인데, 제가 힘이 될 수 있다면 그게 얼마나 감사한 일인지 모릅니다."

하나님께서는 한 사람의 순종을 통해 새로운 길을 열어 주셨고,

작은 헌신의 씨앗은 성도들의 마음속에 퍼져 더 큰 믿음의 공동체로 자라나게 되었다.

이사야는 하나님의 부르심 앞에서 "내가 여기 있나이다. 나를 보내소서"(사 6:8)라고 응답했다. 우리의 작은 교회와 사역이 완벽하지 않더라도 하나님께서 이끄시는 길 위에 서 있을 때, 우리는 그분의 손길 속에서 다시 일어설 수 있다. 하나님은 우리가 무엇을 가지고 있느냐를 묻지 않으신다. 그분은 우리가 그분의 부르심에 응답할 준비가 되어 있는지를 보신다.

| 꼬리에 꼬리를 무는 봉사 |

하루하루가 불안하고 무모한 도전이 시작되었다. 그러나 하나님은 함께 마음을 나눌 동역자를 붙여 주심으로 위로를 주셨다.

"목사님이 혼자 빚을 감당하시는 것에 한 주간 마음이 힘들었어요."

성도들의 자발적인 재정 참여와 헌신이 이어졌다. 그들의 자발적인 참여는 나를 멍하게 만들었다. 이로 인해 낙후된 곳과 보수할 곳을 보수하고 교육부에 투자하고 선교비를 늘리고 장학 사역을 하였다. 그리고 1층을 좋은 공간으로 만들었으며 지역 사회를 위한 쉼터와 세미나 장소로 사용하고 있다. 2층 예배실은 공유 교회로 열려 있다.

1층 다목적 카페가 어떻게 사용될지 모르지만 바라기는 주변 사람들에게 쉼을 주는 공간이 되기를 바라는 가운데 얼마 전 유모차 부대가 1층 앞에서 왔다 갔다 하길래 들어와서 차 마시면서 쉼을 가지라고 하였다. 그런데 들어오지 않기에 왜 안 들어오냐고 물으니

유모차를 끌고 동네에서 갈 수 있는 곳이 없고 카페들이 좋아하지 않아서 머뭇거리고 있다고 했다. 의자를 몇 개 뺐더니 유모차 5대가 들어와 쉼을 가질 수 있었다. 아기 엄마들에게 쉼을 줄 수 있는 공간으로 사용됨에 감사하다.

하나님의 시간표 속에 자원하는 분들이 점점 늘어났다. 교회 일들이 대부분 자발적인 참여로 이루어지면서 교회는 한 달도 되지 않아 새로운 국면을 맞이하였다. 어떠한 조직이나 훈련도 성도들의 자발적인 참여보다 더 강한 것은 없다는 것을 알게 되었다. 처음 내 생각은 주님의 생각과 너무도 달랐다. '맨땅에 헤딩' 한다고 생각했지만, 전혀 그렇지 않았다. 함께하는 분들의 적극적인 협력이 준비되어 있었다. 재정부는 교역자의 사례, 교회 월세, 전기세 등의 요금을 내야 함에 매달 가슴을 졸였다.

몇 년이 걸려야 해결될 줄 알았던 모든 판단이 깨졌다. 한 달도 채 되지 않아 교회 재정도 성도들도 안정감을 찾고 성장하였다. 재정부는 매주 긴장하면서 기도하였고 단 한 주도 재정의 마이너스는 없었다. 재정이 충분하지는 않아도 자족할 정도로 안정되고 있다. 성도들의 자발적인 섬김으로 설거지, 교회 청소, 시설 보수, 찬양 등

각자 자신의 달란트에 따라 즐거움으로 봉사에 참여하고 있다.

너무 감사하게도 초대 교회와 같은 공동체를 현재 경험하고 있다. 그 누구에게도 잔소리할 필요 없이 서로의 빈 곳을 채우며 먼저 누군가 봉사하면 알아서 따라 봉사하는 모습도 너무 귀하다. 조금 늦으면 어떠한가? 다 시간의 차이만 있을 뿐 가족은 항상 같은 편이다. 성도들을 보면서 기다림을 배웠고 성도는 안정감을 경험하고 있다.

평소, 성도들에게 이렇게 말한다.

"하나님이 실망스러워서 좌절한 적이 예수를 믿고 단 한 번도 없습니다. 그러나 성도들의 흔들림과 낙심은 목회자인 저에게도 사실 영향을 끼칩니다. 주님의 회복을 모두가 경험하길 바랍니다."

모두가 주님이 예비하신 한 사람이 되어 감에 너무도 감사하다. 우리는 무엇을 두려워하는가? 하나님의 준비하심을 경험하는 삶을 살아가고 있는가? 오늘도 하나님의 마음을 품은 한 사람을 통하여 교회는 든든히 서 갈 것이다.

> 날마다 마음을 같이하여 성전에 모이기를 힘쓰고 집에서 떡을 떼며 기쁨과 순전한 마음으로 음식을 먹고 하나님을 찬미하며 또 온 백성에게 칭송을 받으니 주께서 구원받는 사람을 날마다 더하게 하시니라 _행 2:46-47

| 개척 교회의 하나님 |

나는 대체로 무모한 도전을 좋아하지 않는다. 보통은 가능성이라는 불빛이 보일 때 움직인다. '안 되면 그만'이라는 식의 가벼운 마음으로 시작하는 것이 아니라, 될 가능성이 충분하다고 믿으며 첫발을 내디딘다.

그러나 하나님은 우리의 생각을 뛰어넘어 일하시기도 한다. 개척 교회를 시작하면서 많은 선배 목사님들이 말하던 '개척 교회에 주시는 하나님의 특별한 은혜'라는 표현이 무슨 뜻인지 조금씩 깨닫게 되었다. 이 은혜는 단순히 위로의 말이 아니다. 현실 속에서 하나님의 섬세한 인도하심을 체험하게 되는 특별한 은혜를 의미한다.

남자아이들이 많아지면서 주일 오후, 아이들은 온라인 게임으로 자주 시간을 보내곤 했다. 유초등부 부장님과 함께 아이들에게 더 활동적이고 건강한 프로그램을 제공할 방법을 고민했다. 그러다 풋살장을 빌려 축구팀을 만들어 보자는 의견이 모아졌다. 하지만 몇 가지 현실적인 이유로 계획을 바로 실행하기가 어려웠다. 특히, 시간을 내어 아이들과 삼촌처럼 어울릴 수 있는 어른이 없다는 점이 가장 큰 걸림돌이었다.

주일 예배 전, 유초등부 부장님께 축구팀은 조금 더 준비해서 내년쯤 시작해야겠다고 말했다. 그런데 강단에 올라설 때, 익숙한 얼굴이 시야에 들어왔다. 25년 전, 서울에 처음 올라와 신앙생활을 함께했던 후배였다.

그는 교회를 찾던 중 내 생각이 나서 어렵게 수소문해 찾아왔다고 했다. 그는 아이들과 어울리는 데 탁월한 재능을 가진 사람이었다. 운동을 좋아하고, 아이들과 친해지는 데 능한 그는 축구팀에 꼭 필요한 사람이었다. 놀랍게도 그는 첫 예배 후 교회에 등록했고, 지금은 축구교실을 섬기며 활발히 봉사하고 있다.

이 모든 일이 우연처럼 보였지만, 그날 나는 하나님의 섬세한 계획을 느낄 수 있었다. 우리에게 부족한 부분을 아시고, 가장 적합한 때에 일하시는 하나님의 은혜는 날마다 새롭다. 개척 교회의 어려움을 겪으며 나 자신의 부족함을 절감할 때가 많다. 그러나 하나님은 우리의 작은 노력과 몸부림을 그냥 지나치지 않으신다. 우리의 연약함 속에서도 하나님의 세밀한 손길이 역사하며 길을 여시는 경험은 언제나 새로운 감동을 준다. 하나님의 일하심은 우리가 상상하지 못한 방식으로 우리의 틈새를 채우며 확장된다.

개척 교회를 섬기다 보면, 하나님의 특별한 은혜가 아니고는 설명할 수 없는 일이 많다. 누군가의 필요를 채워 주기 위해 다른 누군가를 보내시는 하나님의 세밀한 계획은 경이로움을 자아낸다. 이는 우리가 특별해서가 아니라, 하나님께서 그분의 일을 이루기 위해 우리를 사용하시기 때문이다.

축구교실을 통해 아이들은 건강하게 교회에서 시간을 보내며 서로를 알아가고 있다. 또한 이를 통해 아이들뿐만 아니라 부모들까지 교회로 발걸음을 옮기게 되는 것을 보면서, 하나님의 일하심은 단지 한 사람이나 한 집단에 머무르지 않고 교회를 전체적으로 새롭게 한다는 것을 깨닫는다.

우리는 종종 모든 가능성을 따지고, 조건이 맞을 때만 움직이려 한다. 하지만 하나님의 인도는 우리가 알지 못하는 방식으로 이미 예비되어 있다. 믿음의 걸음을 내딛는 것은 완벽히 준비된 상태에서 출발하는 것이 아니라, 부족한 가운데서도 하나님의 채우심을 기대하며 나아가는 것이다.

나는 내게 주어진 도전 앞에서 스스로 '가능성이 있을까?'라는 질문을 끊임없이 던졌다. 그러나 오늘날 내가 할 수 있는 고백은 단순하다.

"가능성은 나의 계산이 아니라 하나님의 손안에 있다."

하나님은 언제나 우리의 부족함을 아시고, 우리가 알지 못하는 틈새를 채워 주시는 분이다. 그분의 인도하심 속에서 걷는 매일이 은혜다.

| 버터 줘서 고마워 |

나는 과거에 "교회 중심으로 가정이 돌아가야 한다"는 생각이 강

했다. 가정의 시간표도 자연스럽게 교회 중심으로 맞춰졌고, 사역을 위해 희생하는 삶을 당연시했다. 하지만 그 믿음의 고집이 사랑하는 사람들을 지치게 했다는 것을, 한 사건을 통해 깨닫게 되었다.

어느 날, 아내가 직장에서 쓰러졌다. 아내는 늦은 밤까지 아이들을 챙기고, 새벽예배를 다녀온 뒤 바로 직장으로 출근하는 일상을 반복해 왔다. 그러다 몸이 한계를 넘어서 버티지 못한 것이다. 아내가 근무하던 '성서유니온선교회' 본부에서 함께 일하던 간사님들이 발견해 신속히 구급차를 부른 덕분에 큰 사고는 면할 수 있었다.

아내가 쓰러진 사건 이후, 많은 생각이 스쳤다. "하나님의 영광을 위해 산다"라는 명목 아래, 나는 가정의 균형을 무시하고 있었다. 모든 것을 사역의 연장선에서 보며, 아내의 헌신과 희생을 당연시한 것이다. 아내의 건강을 챙기기는커녕, 나 자신조차 제대로 돌보지 못했다.

사실 내 몸도 이미 경고를 보내고 있었다. 손가락이 부러지고 어깨가 탈골되었으며, 허리와 골반에도 문제가 생겼다. 하지만 늘 사역이 바쁘다는 핑계로 병원을 찾지 않았다. 한번은 몸이 한계에 다

다라 응급실에 실려 간 적도 있다. 그러나 그마저도 잠시뿐, 다시 무리한 일정을 반복했다.

사역은 몸과 마음을 모두 사용하는 일이기에, 육체의 건강은 곧 마음의 건강과도 연결된다. 내가 지쳤던 것처럼, 나와 함께하는 이들도 점점 더 지쳐갔다는 사실을 깨달았다.

이후로 교회 사역의 틀을 다시 점검하기 시작했다. 작은 교회는 자원과 인력이 한정적이기에 모든 예배와 훈련 프로그램을 조절하는 것이 필요했다. 다른 교회에서 하는 프로그램을 무작정 따라가고, 그 안에서 성과를 기대하는 것은 결코 능사가 아니었다.

그 대신 하나님께서 우리 교회에 맞게 주신 길을 충실히 걸어야 했다. 소명은 단지 많은 일을 하는 것이 아니라, 우리가 맡은 길에서 균형 있게 충성하는 것이다. 우리 교회는 주일 오후 예배가 없다. 처음엔 이를 아쉬워하는 이들도 있었지만, 시간이 흐르며 성도들은 자연스럽게 오후 시간을 활용해 서로 교제하고, 진정으로 필요를 느낄 때 자발적으로 제자훈련과 성경 공부에 참여하기 시작했다. 억지로 틀에 맞추지 않고, 진심에서 우러나오는 갈망으로 말씀을 공부할 때, 더 많은 열매가 맺힌다는 것을 몸소 경험하고 있다.

최근에는 누가복음 24장의 엠마오 길을 묵상하며, 말씀의 능력을 다시금 깨닫게 되었다. 예수님께서 두 제자에게 성경을 풀어주실 때, 그들의 마음은 뜨겁게 타올랐다. 이 말씀처럼 성경 공부를 통해 하나님의 뜻이 밝혀지고 성도들의 마음이 뜨거워질 때, 그 어떤 프로그램보다 큰 은혜를 경험하게 된다.

우리 교회 성도들 가운데도 그런 변화가 일어나고 있다. 억지로 의무적으로 참여하는 모임이 아닌, 말씀의 갈망과 배움의 즐거움 속에서 마음의 뜨거움을 느끼는 성도들이 늘어나고 있다.

육체와 영혼은 서로 분리될 수 없다. 지친 몸은 영혼을 무겁게 하고, 피곤한 영혼은 몸을 약하게 만든다. 하나님은 우리의 몸과 영혼 모두를 소중히 여기시며, 그것이 건강하게 균형 잡히길 원하신다.

나도 이제는 내가 돌보아야 할 몸과 가정, 그리고 그 속에서 하나님께서 원하시는 균형을 더 깊이 생각하게 되었다. 하나님께서는 단지 우리의 사역만을 바라보시는 것이 아니라, 사역을 감당하는 우리의 삶과 사랑까지도 함께 돌보길 원하신다. 우리의 삶이 균형을 이루며 그 안에서 하나님의 뜻을 온전히 실천할 때, 그 모든 여정은 하나님의 영광으로 가득하게 될 것이다.

| 경쟁이 아닌 상생 |

능력이 되지 않기 때문에 허락해 주신 목회에만 집중해야겠다고 생각했다. 그렇게 1년을 개척 교회 담임으로 최선을 다했고, 사택은 물론 사례비의 보장이 없이 시작한 목회가 몇 개월 만에 하나님의 은혜로 부흥하고 성장하였다. 정말 목회에만 1년을 집중하면서 받은 은혜들이 있었지만, 몸은 탈진했다. 그러면서 고립된 목회가 아닌 조금이라도 주변을 둘러보며 함께 협력하고 기도할 일들을 찾아봐야겠다고 생각했다. 그러던 중 여러 선배 목사님들과 만남을 갖게 되었다. 최근 1년 동안 많은 믿음의 동역자를 만나면서 드는 생각은, '연합'이라는 것은 무엇인가가 다 갖추어졌을 때만 하는 것이 아니라는 것이다. 많은 선배 목사님들을 보면서 배우게 되었다.

우리가 '연합'을 하지 못하는 가장 큰 이유는 서로를 경쟁 상대로 여기기 때문이며, 가진 것을 빼앗길까 봐 걱정되기 때문일 것이다. 그러나 '연합'은 서로 성장하는 아주 좋은 길이다. 이것을 '하브루타'(Chavruta, 서로 짝을 지어 질문과 대화를 통해 토론하고 논쟁하는 유대인 전통의 학습 방식) 표현으로 '상생'이라고 말한다. 서로 성장한다는 뜻이다. 다시 말해, 이미 대내외적으로 안정을 갖춘 교회들이 이제 막 시작하는 작은 교회들을 품고 서로 협력할 때, 먼저 손 내밀어 준 교회와 도움을 받는 교회가 함께 성장하며 부흥하게 된다는 것이다. 이것이 '상생'이다.

나의 경우 첫 책을 내기 위해 글을 쓰는 시간이 그랬다. 글을 쓰면서 부족함을 많이 느꼈다. 하나님께서 함께해 주신 사건과 이야기가 날것으로 있지만 그것 외에 글을 쓰기 위해 갖춰진 것이 전혀 없었다. 그때마다 주변에서 진심으로 해 주신 조언이 많은 도움이 되었다. 어찌할 바를 몰라 당황할 때 하나님은 사람을 붙여 주시면서 격려도 해 주셨다. 되돌아보면 수많은 장애물을 만났지만, 그때마다 장애물을 넘을 수 있는 동역자를 주셨음을 글을 쓰면서 다시 한번 깨달았다. 부족한 글을 읽는다는 것이 쉽지 않을 텐데도 글을 읽고 격려해 주신 분들은 오히려 '상생'하는 시간을 하나님을 같이 '경험'하는 시간이라고 말해 주셨다.

바울 서신을 보면 예루살렘교회는 이방 개척 교회를 세우는 데 최선을 다했다. 그러나 훗날 협력의 주체였던 예루살렘교회가 어려움에 직면할 때 바울은 고린도교회와 갈라디아교회 등에 연보(현금)를 준비하여 후원해 달라고 요청하였다. 실제로 이방 개척 교회의 모토가 되었던 예루살렘교회를 위해 역 후원을 다짐한 것이다. 이것이 '상생'인데, 이방 개척 교회가 예루살렘교회에 역 후원을 한 이유가 무엇인가?

로마서 1장을 보면 '빚진 자'의 마음이 있기 때문이었다. 현실에서 부름을 받은 수많은 목회자는 '은혜'에 대하여 설교하고 그렇게 살고자 노력할 것이다. 다시 말해, 새롭게 개척하는 수많은 목회자와 교회는 받은 은혜(도움)를 반드시 개 교회를 넘어 지역 사회로 시선을 돌릴 것이다. 우리 모두 특별한 조건이 없이 협력함으로 함께 '환대'하며 '상생'하는 주님의 교회가 되길 간절히 소망한다.

> 저희가 기뻐서 하였거니와 또한 저희는 그들에게 빚진 자니 만일 이방인들이 그들의 영적인 것을 나눠 가졌으면 육적인 것으로 그들을 섬기는 것이 마땅하니라
> _롬 15:27

| 내 가 한 번 속지 두 번 속을 줄 아냐 |

열심을 내며 했던 어린이 전도를 잠시 멈췄다. 교회 앞 놀이터에 가기만 하면 초등학교 2~3학년 아이들이 계속 전도가 되는데, 우리 교회는 갓난아기들이 있는 젊은 가정이 대부분이고 아이들을 섬겨 줄 교사가 부족하기 때문이다.

일주일에 몇 번씩 꾸준히 오는 6학년 친구들이 여러 명 있다. 내년이면 중학생이 되는 친구들이다. 나는 보통 저녁 8시가 되면 집에 들어가 저녁을 먹고 쉬고 싶다. 그런데 꼭 이 친구들이 저녁 8시쯤 교회로 와서 놀다가 가겠다고 한다.

처음에는 좋은 마음으로 맞이했지만, 주일 예배에는 전혀 오지 않으면서 꼭 퇴근하려는 시간에 오는 아이들 때문에 약이 오르기 시작했다. 한번은 불을 다 끄고 퇴근하려고 하는데 아이들이 교회로 오는 게 보였다. 순간, 나는 불을 끈 채로 숨어 있었다. 이렇게 내가 옹졸하다. 몇 번이고 주일에 교회에 오겠다고 약속해 놓고 몇 개월 동안 오지 않는 이 친구들 때문에 힘이 빠져 있었던 것 같다.

오늘도 늦게까지 교회에 있었는데, 저녁 8시에 세 명의 친구가 또 교회로 놀러 왔다. 여지없이 이번 주에 교회에 온다고 했다.

"이 녀석들아, 몇 달 동안 계속 같은 말만 하고…."

그래. 내가 한 번 속고, 두 번 속고, 세 번 속고, 네 번 속고, 다섯 번 속을게. 그냥 계속 놀다가 가라. 중학생이 되어도 계속 와라. 너희들은 그 존재만으로도 소중하다. 오늘은 처음으로 사진 한번 찍자. "찰칵."

약속을 지키지 않았던 친구들이 한 주간 매일 저녁 교회로 놀러 왔다. 그리고 이번 주 주일 예배에 거짓말처럼 세 명 모두 왔다. 우연인 것 같은 날이었지만, 그렇지 않음을 안다. 상황이 변하면 내가 변하는 것이 아니라, 내가 변하면 상황이 변하는 것 같다.

와우! 이제 중등부가 시작이다. 오늘도 작은 자의 기도에 귀 기울여 주시는 하나님을 찬양한다.

| 복음으로 이끄시는 하나님 |

얼마 전 저녁 8시, 2층 본당에서 제자훈련을 시작하려고 하는데 밖에서 문을 두드리는 소리가 들렸다. 올 사람이 없다고 생각했기에 의아한 마음으로 문을 열었다. 그런데 최근에 전도된, 평일에 종종 교회에 놀러 오는 6학년 두 명이 서 있었다.

"목사님! 저희도 함께 예배드리고 싶은데 가능할까요?"

처음에는 교회 교육관 놀이터에서 놀라고 권했지만, 두 학생은 다시 한번 진지하게 예배에 참석하고 싶다고 말했다. 그래서 본당 안으로 들어오라고 하였다. 장난을 치거나 집중하지 못할 거라는 나의 예상과는 달리, 이 아이들은 1시간이 넘는 제자훈련 시간 동안 매우 진지한 태도로 말씀을 들었다.

훈련이 끝난 뒤, 그중 한 학생이 조심스러운 표정으로 질문을 했다.

"하나님이 정말 계신지 궁금해요."

이 질문을 들으며 나는 잠시 말을 잇지 못했다. 남양주에서 버스를 타고 의정부까지 온 이 학생의 진심 어린 물음에 마음이 울컥했다. 왠지 모르게 나 자신이 부끄럽기도 하면서 동시에 정신이 바짝 들었다.

그 자리에서 제자훈련 팀과 함께 이 아이들의 신앙과 삶을 위해 통성으로 간절히 기도했다. 이 학생들은 저녁마다 교회에 놀러 오다가 최근에 예배에 참석하기 시작한 예비 중등부 학생들이다. 나는 각 부서가 세워지기를 간절히 기도해 왔는데, 이 아이들이 하나님께서 보내 주신 선물임을 느꼈다. 오늘도 복음으로 사람들을 이끄시는 하나님의 손길을 경험한다.

| 전교 1등 막둥이 |

울 막둥이는 초등학교 1학년이다. 입학 초기, 어떤 일로 인해 결석과 지각을 여러 번 했다. 시작이 그래서인지, 조금만 아프면 학교를 빠지려고 하거나 늦게 등교하려는 일이 잦았다. 처음부터 선생님과 친구들에게 좋지 않은 이미지를 주지는 않을까, 또 그런 태도가 좋지 않은 습관으로 자리 잡지는 않을까 걱정이 되었다. 하지만

아무리 말로 타이르고 설득해도 아이는 전혀 듣지 않았다.

그런데 갑자기 어느 날부터 아침 7시 30분만 되면 학교에 가고 싶어 안달이 났다. 아무리 말려도 막둥이는 듣지 않았다. 초등학교 1학년인데 전교 1등으로 2주 동안이나 제일 먼저 등교하는 모습에 나는 진지하게 물었다.

"믿음아, 너 왜 이렇게 일찍 학교에 가는 거야? 도대체 이유가 뭐야?"

믿음이는 잠시 생각하더니 이렇게 대답했다.

"아빠! 지난번에 선생님이 꿈에 나오셨어. 선생님 보러 일찍 학교 가야돼~!"

그렇게 말하고는 또다시 일찍 학교에 갔고, 선생님은 막둥이를 칭찬하며 반겨 주셨다. 선생님의 따뜻한 환대에 막둥이는 더없이 신나 했다. 선생님의 관심과 환영은 아이에게 그야말로 복음과도 같았다.

문득 이런 생각이 들었다.

'하나님, 제 꿈에도 나와 주세요. 저도 정신 좀 차려야겠네요.'

아이의 순수함과 열정 속에서 큰 깨달음을 얻는 하루였다.

| 함께하는 교회 |

신학을 공부할 때부터 선배들에게 늘 들었던 말이 있다. 바로 목회 철학을 잘 정립해야 한다는 것이다. 이 말은 내게 깊은 울림으로 다가왔고, 오랜 시간 고민하며 기도했다. 그러던 중 처음부터 지금까지 마음속에 자리 잡고 있는 한 단어가 있다. 그것은 바로 '자원함'이다. 다시 말해, 받은 은혜대로 "자발적"으로 움직이는 교회를 이루는 것이 나의 목회 철학이다. 감사하게도, 우리 교회는 모든 직분과 봉사가 누군가의 요구나 강요가 아니라 자원함으로 움직인다.

예를 들어, 주일 애찬을 준비하는 팀은 매주 토요일 오후에 모여 말씀을 중심으로 교제하며 식사를 준비한다. 이들은 '매일성경'으로 말씀을 묵상하고 삶을 나누며 주일 애찬을 준비한다. 교회마다 가장 어려운 일로 여겨지는 주일 식사 준비가 이렇게 기쁨 가운데 이루어진다는 점이 정말 감사하다.

또한, 교회의 여러 부분에서 부족함이 보일 때 이를 알아서 해결해 주는 남자 성도들이 있어 늘 감사하다. 한번은 주변에 키즈카페가 폐업한다는 소식을 듣고, 그곳에서 사용하던 키즈 놀이기구를 그대로 옮겨와 교회 지하에 설치한 적도 있다. 작은 교회로서는 불가능해 보이는 일이었지만, 함께하는 성도들이 있기에 가능했다.

그 밖에도 찬양 인도와 찬양팀 사역, 식사 후 설거지, 교회 정리 정돈 등 필요한 부분에서 누구의 강요 없이 스스로 빈틈을 채워 주는 성도들 덕분에 작은 교회의 목회자로서 큰 감사를 느끼고 있다.

요즘 교회 아이들이 교회에 오는 것을 너무 좋아한 나머지 집에 가기 싫다고 말하는 일이 많아졌다. 이러한 이야기가 학원에서 오가며 소문이 났고, 그 덕에 놀러 오는 학부모와 아이들도 생겼다. 전도된 아이들을 보살피고 함께 기도회를 하며 나눔의 시간을 가지다 보면 어느새 저녁 시간이 되어 저녁 식사를 하고 헤어지게 된다. 비록 몸은 피곤하지만, 이러한 시간 속에서 피곤함 가운데 느껴지는 기쁨과 공동체의 하나 됨을 깊이 체험한다.

아직까지 자발적인 헌신과 봉사보다 더 좋은 목회 철학을 발견하지 못했다. 하나님께서 부르심 속에서 걸어가게 하시는 오늘 하루하루가 얼마나 소중한지, 다시 한번 깨닫게 된다.

> 각각 은사를 받은 대로 하나님의 여러 가지 은혜를 맡은 선한 청지기같이 서로 봉사하라 _벧전 4:10

| 우리를 아름답게 빚어 가시는 하나님 |

열심히 사역을 하고 있던 어느 날, 한 통의 전화가 걸려 왔다.

"재국이 전화번호 맞나요?"

순간 고민이 되었다. '누군가 내 이름을 부른다는 것은 분명 나와 아주 친한 사람이라는 건데, 누구일까?'

"네, 맞습니다. 그런데 누구세요?"

"나, 중고등학교 동창 ○○야."

나는 순간 얼어붙었다. 이 친구는 당시 학교, 아니 원주에서 싸움을 아주 잘하는 친구 중 한 명이었다. '나 같은 평범한 사람에게 먼저 전화를 걸 이유가 없을 텐데…'

"너, 신학교 가서 목회자가 되었다고 들었어. 사실 나도 목사가 되었거든. 지금은 한 교회에서 담임 목회를 하고 있고…. 반갑다, 재국아! 언제 한번 보자?"

나는 깜짝 놀랐다. 졸업 후 15년 동안 도대체 무슨 일이 있었던 걸까? 신학교에 가고 목회자가 된 것도 신기했지만, 겨우 35세에 100여 명이 출석하는 교회의 담임 목사로 청빙받았다는 사실이 더욱 놀라웠다.

솔직히 말해, 나는 그 친구와의 만남이 조금 망설여졌다. 나는 평범한 학생이었고, 그 친구는 누구도 건드릴 수 없는 강한 아이였기에 조금은 두려운 마음에 연락을 미루었다. 그렇게 10년이 지나 드디어 용기가 생겼고, 갑자기 그 친구가 보고 싶어 연락을 했다. 그리고 대화를 나누던 중 풀리지 않았던 궁금증들이 하나씩 풀려 갔다.

이 친구와 나는 중고등학교 동창이었다. 그때 친구는 키가 크고 싸움을 잘해 지역에서 자연스럽게 싸움으로 이름이 알려졌다. 하지만 우리가 흔히 아는 일진들과는 달랐다. 누구를 괴롭히지도 않았고, 싸움을 자주 하지도 않았다. 하지만 자연스럽게 원주에서 주먹으로 통하는 친구였다.

이 친구가 변화되는 순간이 있었다. 중학교 2학년 어느 날, 타 중학교 일진과 싸우다가 쇠 파이프에 머리를 맞은 것이다. 이것 때문인지 몰라도 친구는 훗날 뇌출혈로 군대도 면제가 되었고, 친구는 많이 달라졌다. 중학교 3학년 때부터 공부에 집중하기 시작했고 공부도 잘했다. 고등학교에 진학한 후에는 기독교 동아리에 들어가 열심히 신앙생활을 했다. 연세대학교를 졸업한 후, 기도 가운데 하나님의 부르심을 확신하고서 총신대학교 신학대학원에 입학했다. 신학대학원(용인시)에서 공부하면서 금요일이면 사역지(고양시)로 가서 작은 사무실에서 생활했다. 또 주일 사역을 마치면 원주에 있는 집으로 갔다가, 월요일이 되면 다시 학교 기숙사로 돌아오는 생활을 반복했다.

졸업 후에도 주말이면 교회의 작은 사무실에 머물며 헌신적으로 사역을 감당했다. 결혼 후 다른 교회로 사역지를 옮겼고, 그곳에서 사역을 하던 중 이전 담임목사님의 은퇴 시기가 되었다. 교인들과 담임목사님이 한마음으로 친구를 추천했고, 결국 35세의 젊은 나이에 담임목사로 청빙받게 되었다.

그제야 나는 그동안 풀리지 않았던 궁금증들이 해소되었다. 친구의 삶에는 하나님의 은혜가 가득했고, 남다른 성실함과 헌신도 돋보였다. 하지만 나는 친구이자 동역자로서 본질적인 질문을 하지 않을 수 없었다.

"혹시… 목회를 하지 않으면, 예전에 겪었던 사고처럼 무슨 일이 일어날까 봐 두려워서 사역을 하는 건 아니야? 하나님이 무서워서 목회를 하는 건 아니지?"

친구는 차분하고 겸손한 목소리로 답했다.

"아니야. 오랜 시간 기도하며 결정한 길이야. 하나님의 부르심에 감사해서 목회하는 거고, 그 길이 나에게 주어진 사명이라고 확신해. 그리고 이 모든 과정에서 지금의 아내가 든든한 동역자가 되어 주었어."

짧은 대화였지만, 친구의 표정을 보니 그의 말이 진심이라는 것을 느낄 수 있었다. 복음은 사람의 인격을 바꾸고, 삶을 변화시키는 능력이 있다. 친구의 얼굴에는 더 이상 중학교 시절의 날카롭고 무서운 인상이 남아 있지 않았다. 대신 평안하고 온화한 미소가 자리 잡고 있었다. 가해자에 복수가 아닌 진실함으로 축복하는 그의 모습을 통해 큰 배움을 얻었다.

전도서 8장 1절에는 이렇게 기록되어 있다.

> 누가 지혜자와 같으며 누가 사물의 이치를 아는 자이냐 사람의 지혜는 그의 얼굴에 광채가 나게 하나니 그의 얼굴의 사나운 것이 변하느니라 _전 8:1

지혜자는 복음을 통해 우리를 지혜롭게 하시고, 우리의 삶, 인격, 얼굴 표정까지도 아름답게 바꾸신다.

에필로그

　신앙생활에서 얻은 특별한 종교적 체험을 고백하는 것을 간증이라고 한다. '나의 간증은 무엇일까?' 글을 쓰기 전에 계속 생각하고 또 생각했다. 내 삶에 늘 계셨던 하나님께서 어제의 추억이 아닌, 오늘의 시간 속에 함께하는 것을 인정하고 고백하는 것이 간증이 아닐까. 하나님께서는 항상 현재이다. 우리에게는 과거와 현재, 미래가 구분되어 있지만 전지전능하신 하나님께서는 우리의 과거도 현재이고, 우리의 오늘도 현재이다. 그리고 내일도 그분께는 현재이다.

　우리는 어떠한 일을 당면할 때, 나에게 트라우마(trauma, 재해를 당한 뒤에 생기는 비정상적인 심리적 반응)가 있어서 한 걸음도 도전하지 못한다는 말을 자주 한다. 트라우마가 우리의 삶에 영향을 주어 미래를 바라보지 못하게 한다는 것이다. 물론 충분히 이해하고 공감한다. 그러나 복음은 내가 경험했던 공포와 상처를 다 이길 수 있는 충분한 힘이 있다. 사람들은 때때로 "나와 가족에게는 쓴 뿌리가 있어서 절대로 우리 남편(아내)은 변하지 않아요. (우리 자녀는 절대로 변하지 않아요.)"라는 말을 자주 한다. 그러나 우리의 경험이 아무리 그것을 증명한다고 해도 복음은 이 모든 것을 변하게 하는 힘이 있음을 믿어야 한다.

외부로부터 오는 '트라우마'로 인하여 또는 내부적인 각자의 기질 또는 쓴 뿌리 때문에 우리의 삶이 변화되지 않는다고 하더라도 우리는 꼭 기억해야 한다. 복음은 우리의 시선을 하나님께 고정하는 능력이 충분히 있다는 것을…. 정말 예수님을 만나고 계속 그 만남을 유지하는 이들이라면, 지금 그들의 삶은 변화 중이라는 것을…. 오늘을 하나님과 함께 걷는 것이 그분의 뜻이다.

무명의 저자 발굴에 도전하는 '세움북스'의 <간증의 재발견> 시리즈에 아직 영글지 않은 삶을 노출하게 되었다. 물론 하나님께서 하신 일을 기록했지만, 내가 생각하는 간증은 예수를 만난 이가 하나님의 말씀만을 의지하며 따라가는 그 모든 것이다. 우리의 삶을 성공과 실패, 기쁨과 고통 이렇게 이분법적으로 나눠서 성공한 것을 '간증'이라고 말하고 싶지 않았다. 오늘도 성령의 은혜 없이는 살아갈 수 없는 존재이며, 오직 복음으로 오늘을 살아야 함이 결론으로 이르게 되는 이 <간증의 재발견> 책이 누군가에게 작은 위로와 회복과 도전이 되길 소망해 본다.

최고로 높아진 자랑 속에도, 때로는 철저하게 감추고 싶은 나만의 아픔 속에도 주님은 언제나 '오늘' 함께 계신다. 언젠가 주님 앞에 가는 그날, 금 면류관이 준비되어 있지 않아도 수정 보석으로 지은 넓은 집이 아니라고 해도 전혀 상관없다. 1%의 기대도, 미련도 없다. 그저 두 팔 벌려 나를 안아 주시며, "사랑하는 나의 자녀여, 친구여, 정말 수고 많았네"라는 한마디 만으로 이 땅에서 보낸 소풍의 시간은 후회가 없을 것이다.

지금도 별 볼 일 없지만, 하나님의 부르심 외에는 아무것도 없었던 이에게 힘이 되어 주신 많은 분들이 있다. 말할 수 없이 감사하며 그 사랑을 흘려보내는 사람이 될 것을 다짐해 본다.

예수 그리스도는 어제나 오늘이나 영원토록 동일하시니라 _히 13:8